用故事的方式學幾何

監修／**中田壽幸**
築波大學附屬小學教師・千葉算友會負責人

譯／**蘇暐婷**

審定／**何美貞、余蕙如**
雙溪國小老師

前　言

　　我們身邊有著各式各樣的物品，每樣都有自己的形狀，但我們其實很少仔細觀察這些習以為常的東西長什麼模樣。

　　學校的教室大多是四邊形，例如，黑板、窗戶、電視、課本……但是仔細一看，也有許多不是四邊形的東西，例如，時鐘就以圓形居多，有的還是八邊形呢！

　　再來讓我們看看椅子。有些椅子的腳與地板是垂直的，有些卻帶點斜度，但椅面和地板都是平行的，因為如果不是平行的，坐起來一定很不舒服，而帶有弧度的椅背，則是為了讓人的背部能靠在上面所設計出來的。

　　在這本書裡，我們將會接觸到各式各樣的圖形。從「圖形」的角度來觀察周遭的物品，一定會有許多新發現。

　　認識各式各樣的圖形，能拓展我們的幾何世界。快來閱讀這本書，讓圖形的世界變寬廣吧！

築波大學附屬小學教師
中田壽幸

目　錄

第 2 課　碰得到的圖形

第 3 課　測量圖形

各式各樣的圖形

三角型、四邊形、多邊形

　　來，畫圖的時間到了。老師請班上的小朋友們，每個人畫一個三角形。

　　現在我們有了好多的三角形，有尖尖的三角形、扁扁的三角形，還有歪歪的三角形。原來三角形也有很多不同的造型呢。

　　但是到底什麼樣的形狀能叫做三角形呢？大家想過這個問題嗎？

小朋友們畫的三角形

這是三角形嗎？

「是不是有 3 個尖尖的角，就叫做三角形？」

「沒錯，正確答案」彩香説。

三角形尖尖的部份，在數學上稱作「角」。因為有 3 個角，所以叫做「三角形」。那上面的圖 A 呢？它也有 3 個角唷。

「它雖然有 3 個角，可是看起來不像三角形耶。」

是啊。那為什麼 A 的圖形不像三角形呢？彩香和祐

何謂三角形？

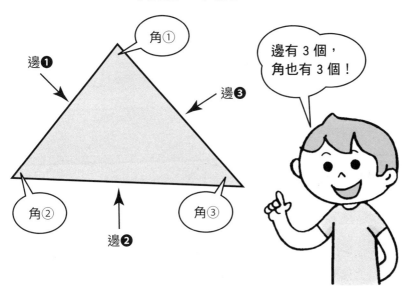

介開始思索。

「大概是因為細細的，所以不像三角形。」

「好像太尖了。」

為了更清楚地看出 A 為什麼不像三角形，我們在它旁邊畫一個三角形 B……。

「啊！B 的線條都是直線，A 卻是彎的！」

唉呀，祐介發現關鍵了。三角形的輪廓全都直直的，

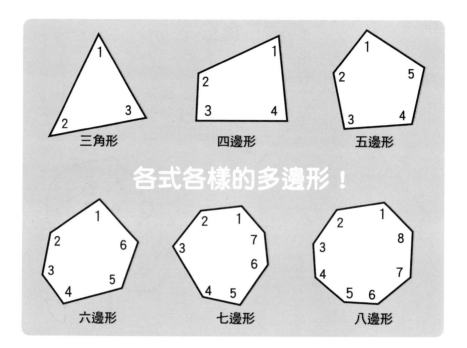

是由直線構成的，它的 3 條直線，在數學上稱為「邊」，因此三角形就是由 3 個角與 3 個邊構成的圖案。

那麼四邊形呢？三角形是由 3 個角與 3 個邊構成的，所以以此類推，四邊形就是由 4 個角和 4 個邊所構成的圖案。

同樣的，角與邊數各為 5 的就稱為五邊形，各為 6 的則稱為六邊形。

除此之外還有許多角數與邊數更多的形狀，像是七邊形、八邊形、九邊形、十邊形……。

像這樣由好幾個角構成的圖案，就稱為「多邊形」。不論三角形還是四邊形，其實都是多邊形的一種唷。

幾何小提醒

❶ 三角形是由三條直線構成的，這三條直線在數學上稱為邊。

❷ 顧名思義，三角形有三個邊與三個角，四邊形有四個邊與四個角，依此類推。

❸ 由好幾個角構成的形狀就叫做多邊形。

邊長相等的圖形

你知道像右圖 A 一樣 2 個邊等長的三角形，叫做什麼嗎？

答案是「等腰三角形」。不論 2 個等邊之間的角有多大，都稱為等腰三角形，即使扁扁的、尖尖的，全部都叫做等腰三角形。

等腰三角形除了 2 個邊等長以外，還有另一個很大的特色，那就是 3 個角當中，有 2 個角度是相等的。

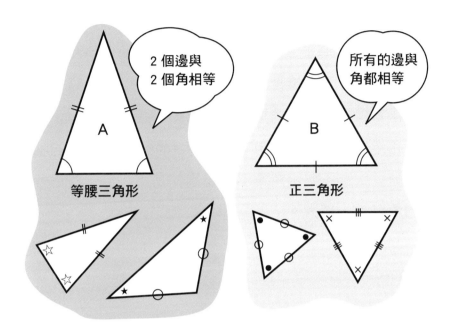

那麼，你知道像上圖 B 一樣，所有的邊都等長，角也都一樣大的三角形，叫做什麼名字嗎？

「2 個邊等長，叫做等腰三角形，那 3 個邊相等，是不是叫做等邊三角形？」

<u>彩香</u>思索道。

沒錯，答對了！

不過在數學中，等邊三角形稱為「正三角形」。它的

每一個邊都一樣長，形狀很平均，而且 3 個角都一樣大。

像這樣所有的邊都等長，所有的角都一樣大的多邊形，就稱為「正多邊形」。

正多邊形有正三角形、正四邊形、正五邊形、正六邊形、正七邊形、正八邊形⋯⋯等等。而正四邊形指的就是正方形。大家不妨用量角器量量看，是不是每一種正多邊形的角度都一樣大。

⸻ 幾何小提醒 ⸻

❶ 兩個邊等長的三角形稱為等腰三角形，它有兩個角度是相同的。

❷ 所有邊都等長、角也都是一樣大的圖形，就稱為等邊三角形，也就是正三角形。

正多邊形

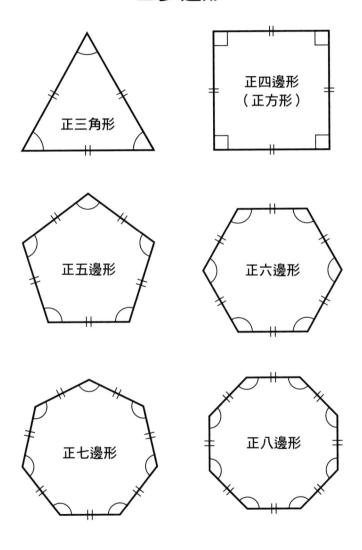

有直角的圖形

　　讓我們從教室裡尋找三角形與四邊形，究竟會找出哪些東西呢？哇，找到了好多三角形與四邊形。這些形狀都有一個共通點，你知道是什麼嗎？

　　答案是「角」。是不是每一個形狀都有將直線折起來似的角呢？這個角稱為「直角」。四邊形的角全部都是直角，三角尺中的其中一個角也是直角。

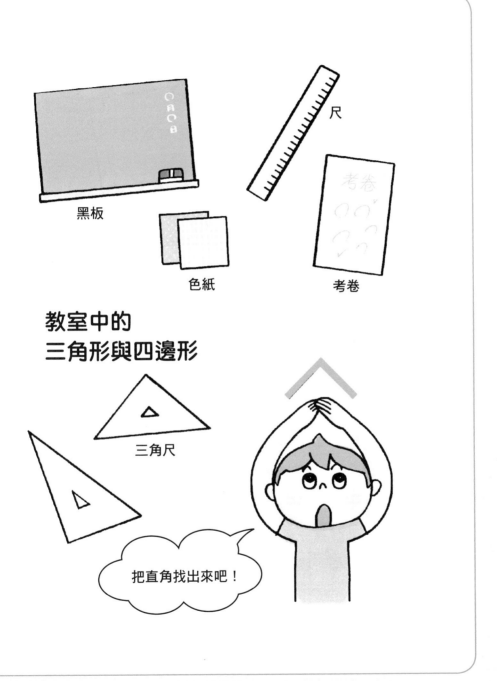

黑板

尺

色紙

考卷

教室中的
三角形與四邊形

三角尺

把直角找出來吧！

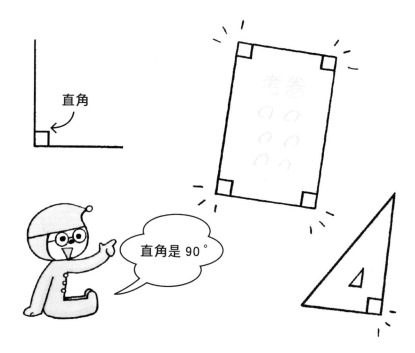

接著，讓我們來仔細瞧瞧這些形狀吧。

在 4 個角都是直角的四邊形中，有的是正四邊形，有的是細細長長的長方形。正四邊形在數學中，又稱為「正方形」。

「方」就是「四邊」的意思，也就是說正方形的每一個角都是直角，邊長也都等長。

正方形與長方形

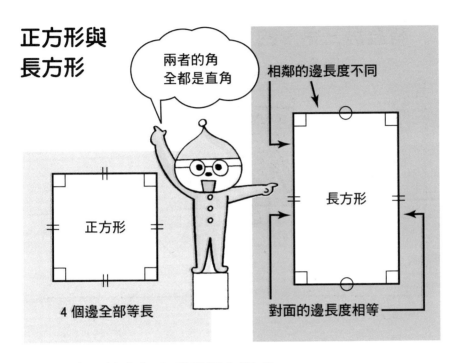

那麼,讓我們來看看長方形吧。

長方形的邊長雖然不同,但仔細一看,對面的邊其實長度相等。

像這種每個角都是直角,但隔壁的邊不等長,對面的邊卻等長的四邊形,就稱為「長方形」。

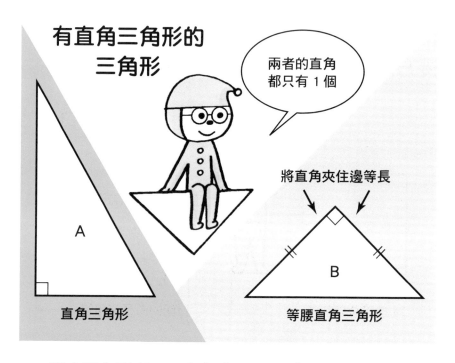

有直角三角形的三角形

兩者的直角都只有 1 個

將直角夾住邊等長

A
直角三角形

B
等腰直角三角形

　　那麼三角形呢？三角板有 2 種形狀，2 種都只有 1 個直角，像這種擁有直角的三角形，就稱為「直角三角形」。

　　可是三角板的 A 和 B，形狀不一樣耶？那讓我們來量量看 3 個邊的長度吧！

　　A 的 3 個邊都不一樣長，B 則是夾住直角的 2 個邊一樣長，因此 B 又稱為「等腰直角三角形」。

將四邊形沿對角線剪開……

將長方形沿著對角線裁成 2 半，就會得到直角三角形，將正方形沿著對角線裁成 2 半，則會得到等腰直角三角形。也就是說，三角形其實就是一半的四邊形。

平行的圖形

　　把正方形與長方形的對邊沿長，會變成什麼樣子呢？答案是對邊不論延伸得多遠，都不會相交。像這種 2 條直線不會相撞的情況，稱為「平行」。正方形與長方形，兩組的對邊都是平行的。

　　那麼，讓我們將長方形從上面壓扁，再把邊延長，看看會變成什麼樣子。果然，對邊還是平行的。由於這種四邊形擁有 2 組平行的邊，因此稱為「平行四邊形」。

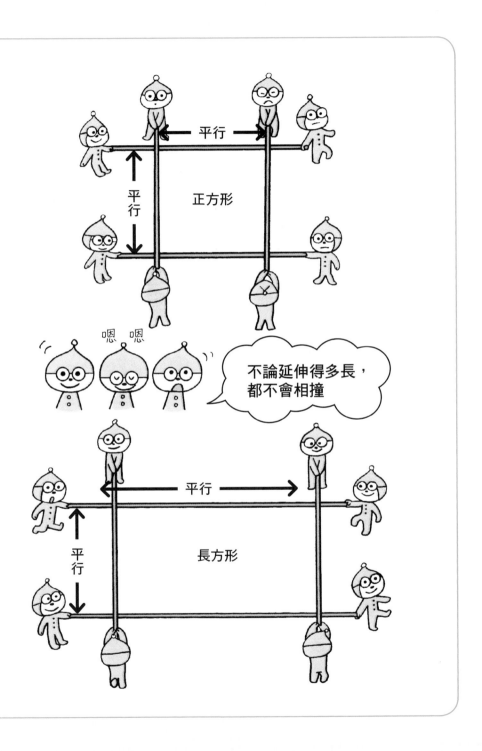

27

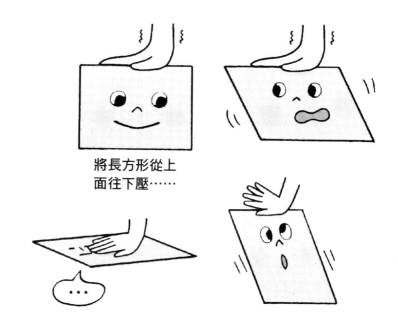

將長方形從上
面往下壓……

　　平行四邊形與長方形不同，四個角都不是直角，但對角的大小都一樣，這是平行四邊形的特色之一。

　　在平行四邊形中，從正方形往下壓的平行四邊形是比較特別的，它的 4 條邊等長，且對邊平行，這種形狀稱為「菱形」。

　　菱形與平行四邊形相同，對角都一樣大，但它還有另一個特色。試著將對角頂點用線連起來，這個連線稱為對

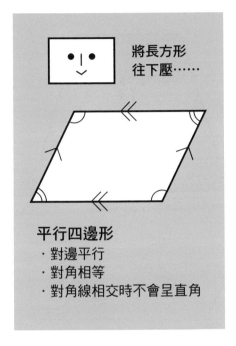

將長方形
往下壓……

平行四邊形
・對邊平行
・對角相等
・對角線相交時不會呈直角

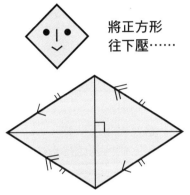

將正方形
往下壓……

菱形
・有 2 組邊平行
・所有的邊都等長
・對角相等
・對角線相交時呈直角

角線，菱形的對角線相交時，會呈現直角。原來菱形藏了
那麼多祕密呢。

　　平行四邊形有 2 組平行的對邊，但上圓的四邊形只有
1 組平行的對邊，這種圖案稱為「梯形」。原來四邊形也
有各式各樣的名字呢。

　　接下來，讓我們一起從生活週遭找出平行四邊形、菱
形與梯形吧！

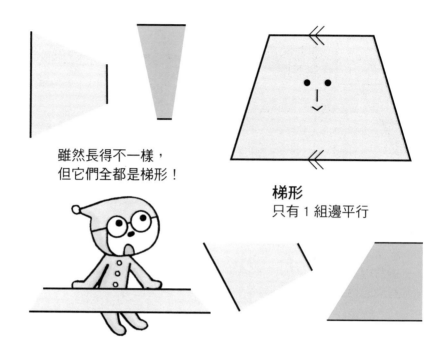

雖然長得不一樣，
但它們全都是梯形！

梯形
只有 1 組邊平行

　　嫩葉標誌、美工刀的刀刃，以及樓梯柵欄網的形狀都是平行四邊形。

　　菱形在日常生活中也很常見，像是撲克牌的方塊圖案、電車的集電弓等，就都是菱形。

　　從側面看布丁、跳箱，則會看出梯形。除了這些以外，多觀察四周，一定還會發現很多梯形。

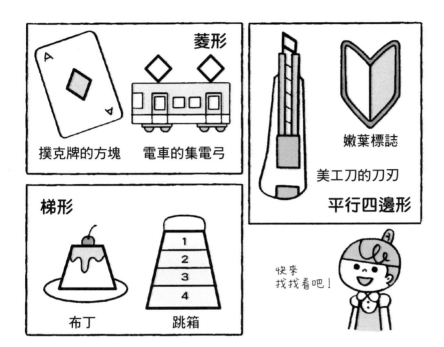

菱形

撲克牌的方塊　　電車的集電弓

梯形

布丁　　　　　跳箱

嫩葉標誌

美工刀的刀刃

平行四邊形

快來
找找看吧！

神奇的角度

　　三角形的 3 個角有個神奇的祕密。將畫在紙上的三角形剪下來，把 3 個角撕下來，然後拼在一起。哇，太神奇了，底部竟然變成了一直線。

　　接著請量量看這 3 個角的角度，把它們加起來，相信答案會是 180 度，也就是水平的角度。因此剛才撕下來的 3 個角拼湊在一起，才會呈現出一直線。不論哪一種三角形，將 3 個角的角度加起來，總和都會等於 180 度。

❶

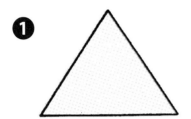

將三角形畫在紙上，剪下來。

❷

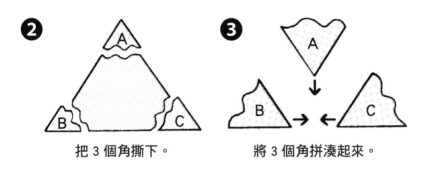

把 3 個角撕下。

❸

將 3 個角拼湊起來。

❹

底部變成了一直線！

快看！

那麼，四邊形、五邊形、六邊形呢？量量看左邊多邊形的角度，將它們加起來吧。

咦？不是 180 度耶。角的數量增加後，角度的總和也變大了。事實上多邊形的角度總還有一個公式：將「角的數目減 2」乘以 180 度，就會等於角度的總和。

可是，為什麼多邊形能套用這個公式呢？只要從多邊形的任一個角畫出對角線，將圖案分成好幾個三角形，答

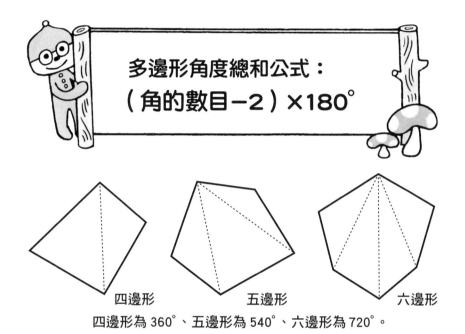

多邊形角度總和公式：
（角的數目－2）×180°

四邊形　　　　五邊形　　　　六邊形

四邊形為 360°、五邊形為 540°、六邊形為 720°。

案就很清楚了。

　　四邊形可以畫出 2 個三角形，五邊形則能畫出 3 個三角形，每一個多邊形都能劃分出「角的數目減 2」個三角形。而由於三角形的角度總和為 180 度，所以要計算多邊形的角度總和時，只要將「角的數目減 2」個三角形 × 180 度就可以了。

多邊形、圓形、扇形

　　請看右頁上方的正多邊形圖。你知道正多邊形角的數目愈多，就愈接近圓圈嗎？圓圈在數學中，稱為「圓形」。

　　這個世界上有著許許多多的圓形，像是杯子從正上方看起來的模樣以及輪胎等等，這些都是圓形。可是，為什麼在我們身邊會有那麼多「圓形」呢？

　　如果輪胎變成四方形會怎麼樣呢？恐怕每當車子行駛時，車廂就會上下顛簸震動，發出匡噹匡噹的聲音，讓人

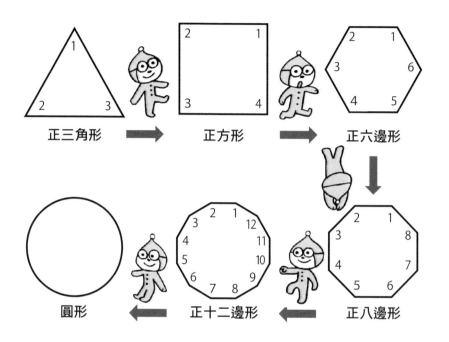

正三角形 → 正方形 → 正六邊形

圓形 ← 正十二邊形 ← 正八邊形

坐起來很不舒服。

　　如果杯子做成四方形呢？雖然有一種方形的容器叫做「斗」，但在裡面裝水後，水很容易會灑出來，不方便飲用。絕大多數的杯子都做成圓形，就是為了讓大家從任何一個角度都方便喝水。

　　畫圓的時候，大家都會使用圓規，對吧？

　　圓規的針抵住的地方，叫做「圓心」，從圓心處利用

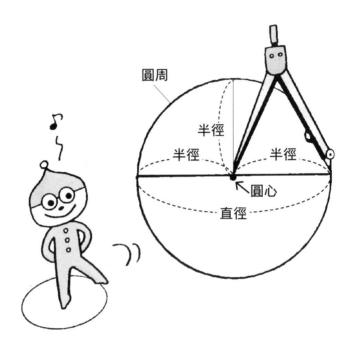

　　圓規畫出的圓圓輪廓，我們稱為「圓周」，而從圓心到圓周的長度，也就是從圓規的針到鉛筆之間的長度，則被稱為「半徑」。

　　圓的半徑不論從任何一個定點測量都是等長的，而通過圓心並連接圓周兩端的長度，則稱為「直徑」。直徑的長度是半徑的 2 倍。

　　將圓形的蛋糕平均分給 6 人時，蛋糕會像上圖一樣被

弧

扇形

切開，切下來的形狀像扇子一樣，因此稱為「扇形」。扇
形裡的曲線，是圓周的一部分，稱為「弧」。

正六邊形的祕密

　　所有的邊都等長的六邊形「正六邊形」，在我們的身邊其實很常見，例如，蜂巢、雪花等等，甚至鑽石也是由好多個正六邊形所組成的。

　　可是，為什麼我們身邊會有那麼多正六邊形呢？將正六邊形拼湊在一起就知道了。先來看由正六邊形拼成的蜂巢吧。它和圓形不同，相鄰的正六邊形之間沒有任何縫隙。雖然正方形也可以彼此緊鄰不產生空隙，但和六邊形

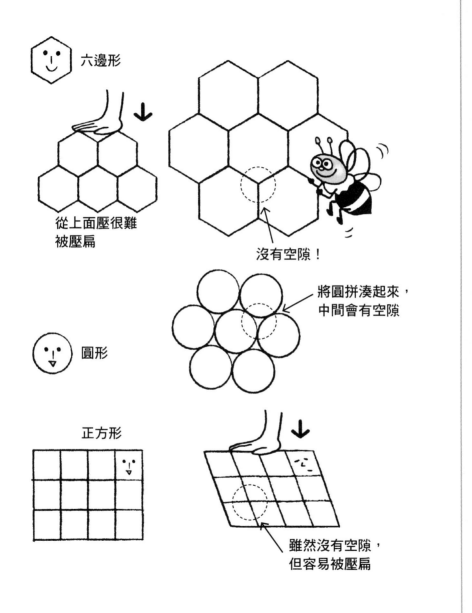

六邊形

從上面壓很難
被壓扁

沒有空隙！

將圓拼湊起來，
中間會有空隙

圓形

正方形

雖然沒有空隙，
但容易被壓扁

相比卻有一個缺點，那就是很容易被壓扁，而由六邊形組成的形狀，則非常堅固。

六邊形組成的形狀不只是堅固而已，它們還是空心的，所以重量很輕，因此舉凡汽車、飛機等零件，都會用一種叫做「蜂巢結構」的六邊形材料來製作。

鑽石的骨架其實也是正六邊形，所以非常堅固。而鑽石之所以昂貴，就是因為它很堅硬，切割起來很困難。堅硬的鑽石，還能用來切割玻璃呢。

雪花是由冰的顆粒組成的，當這些顆粒聚集成六邊形，就會變成雪花。而當六邊形的角與空氣中的水蒸氣結合，雪花就會以六邊形的模式逐漸擴大。

蜂巢結構

常使用於飛機機體

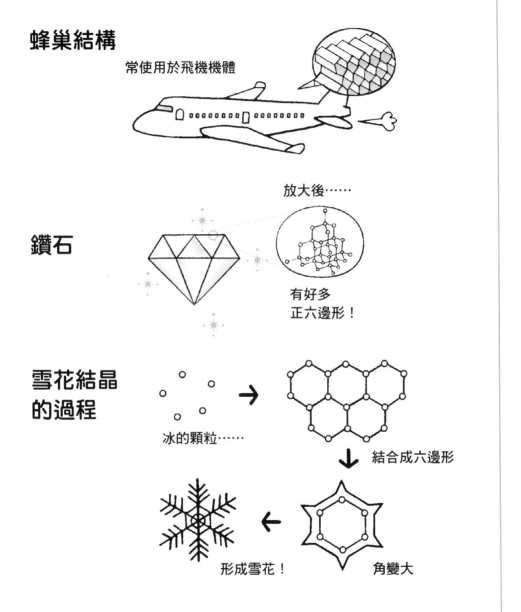

鑽石

放大後……

有好多
正六邊形！

雪花結晶
的過程

冰的顆粒……

結合成六邊形

角變大

形成雪花！

來畫正多邊形

來親手畫畫看正多邊形吧！需要的道具有尺和圓規。

正方形的畫法

先畫一條直線，沿著直角以相同長度的線當作邊，正方形就完成了。
但在這裡，我們要介紹的是如何用圓規畫正方形。

❶

用圓規畫圓。

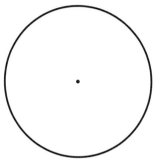

❷

畫一條通過圓心的直線，
將圓的兩端連接在一起
（這是圓的直徑）。

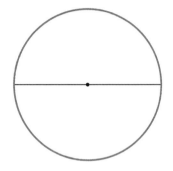

❸

沿著直角再畫一條
直線與直徑相交。

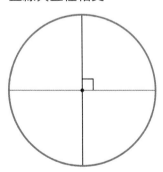

❹

將圓與線交會的點
用直線連接起來。

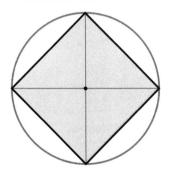

正方形就完成了！

▲ 正三角形的畫法

畫 2 個相同大小的圓，就能畫出正三角形。
透過這個方法，即使沒有量角器，也能畫出正三角形。

---

❶ 畫出一條任意
長度的線段。

❷ 將這條線段當作半徑，
畫出一個圓。

圓規的針插在
線段的一端

❸ 在反方向畫一個
相同大小的圓。

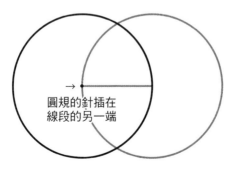

圓規的針插在
線段的另一端

❹ 將線的兩端和圓與圓
交會的點連接起來。

正三角形就完成了！

◆ 正六邊形的畫法

用左頁的方法畫好正三角形後，
再繼續畫就能完成正六邊形。

---

❶ 在左頁 4 的相反側也
畫一個正三角形。

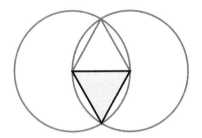

❷ 將正三角形的邊延長，
直到碰到圓周。

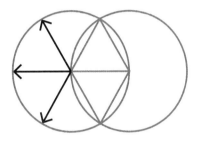

❸ 將圓周與直線相交的
點連接起來。

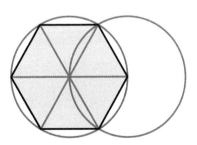

正六邊形就完成了。

圓周與圓周率

你量過圓周有多長嗎？

用尺很難量曲線，所以我們要用繩子，量半徑 4 公分的圓，看看它的圓周有多長。究竟有幾公分呢？大部分的同學都回答 25 公分或 26 公分。

接著來量量看半徑 2 公分的圓，看看它的圓周有多長。結果怎麼樣呢？這次大部分的同學都回答 12.5 公分或 13 公分。

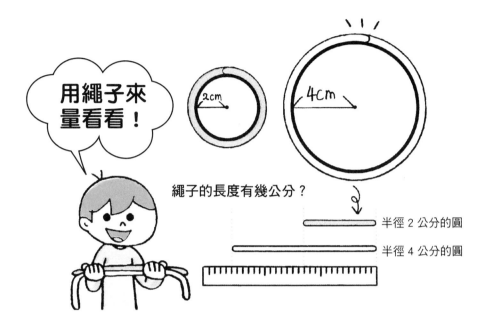

用繩子來量看看！

2cm

4cm

繩子的長度有幾公分？

半徑 2 公分的圓

半徑 4 公分的圓

　　那麼，讓我們用直徑（半徑的 2 倍長）來劃分看看圓周吧。究竟會得出什麼數字呢？3？3.1？3.25？好像除不盡耶。但你有沒有發現，這幾個數字都比 3 再多一點點呢？

　　其實圓周的長度大約是直徑的 3.14 倍，這個 3.14 的數字，稱為「圓周率」。不論半徑是幾公分，只要透用圓周率，就能求出圓周大致的長度。

永無止境的圓周率

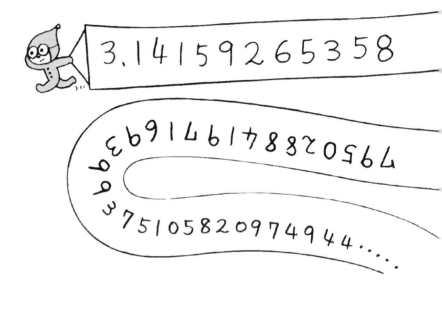

可是，「大致」總覺得很不乾脆，相信大家一定很想求出確切的圓周，可是圓周率是一個永無止境的數字，永遠都切不斷，所以一般都是取大約的數字「3.14」來計算圓周的長度。

永無止盡的圓周率，從以前就讓喜愛數學的人們如痴如狂，許多人都會挑戰能記到小數點以下多少位數，並以這樣的記憶力自豪呢。（編按：公元 400 多年，南北朝

的<u>祖沖之</u>就已經算出圓周率在 3.1415926 和 3.1415927 之間！）

　　大家可以記到多少位數呢？

全等圖形

　　小惠非常珍惜一張上面印有心愛小熊圖案的墊板。有天，朋友對她說：「我買了一樣的墊板。」並且拿給她看。雖然顏色不同，但上面印的小熊圖案的確是一樣的。

　　凛子去上鋼琴課的時候，總會將課本放進一個她很喜歡的樂譜袋，上面有著許多櫻桃的圖案，而且每串櫻桃都長得一樣。

是一樣的！

墊板上的小熊雖然顏色不同，
但造型是一樣的。

日常生活中的「全等」圖形

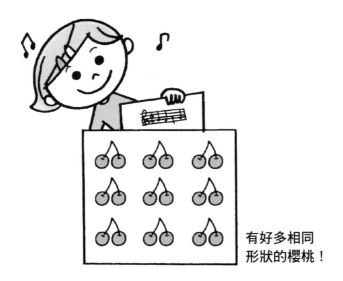

有好多相同
形狀的櫻桃！

這 2 個三角形全等嗎？

　　像這種形狀一模一樣的圖案,在數學中稱為「全等圖形」。那麼,請你看看上圖的 2 個三角形是否為全等圖形呢?

　　乍看之下,它們似乎完全不一樣,但將其中一個三角形用描圖紙畫下來,與另一個三角形重疊,就會發現它們能完全交疊在一起,這就是全等圖形。

　　但若沒有描圖紙(編按:薄薄的半透明紙張),要怎

麼知道這 2 個三角形是否全等呢？

我們需要的道具有尺和量角器。先測量每一個邊的長度，以及每一個角的角度，再將 2 個三角形比較看看。如果邊與角度全部相等，那這 2 個三角形就是全等三角形。四邊形也一樣。

「來，大家試著畫一個跟課本上的三角形一模一樣的全等三角形吧。」

老師一說，班上同學們紛紛畫起全等三角形。這時怕麻煩的勇太心想：「要量 3 個邊和 3 個角，實在好麻煩喔。」

於是他開始思考有沒有更簡單的方法，能畫出全等三角形。他先量了 1 邊的長度，畫在筆記本上，再量 1 個角度，也畫在筆記本上。量第 2 條邊時，他發現了一件事。

「把 2 條邊的頂端連起來，不就變成三角形了嗎？」

勇太發現關鍵了。只要量出 2 條邊的長度與 1 個角的角度，就可以畫出全等三角形。那如果只知 1 條邊的長度，需要量出幾個角的角度，才能畫出全等三角形呢？

答案如 P.57 的圖，只要有 2 個角度就可以了。

　　要畫全等四邊形、全等五邊形時，也可以像這樣盡量精簡測量的步驟。大家不妨試試看，需要哪些條件才能把圖案畫出來。

---- 幾何小提醒 ----

❶形狀一模一樣的圖案，在數學中，稱為全等圖形。

❷只要量出 2 條邊的長度，與 1 個角的角度，就可以畫出全等三角形。

來畫全等三角形吧！

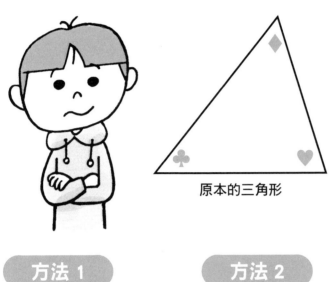

原本的三角形

方法 1

方法 2

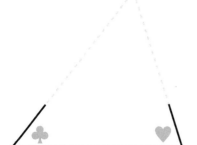

測量 1 條邊的長度
與 2 個角的角度就 OK！

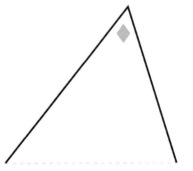

測量 2 條邊的長度
與 1 個角的角度也 OK！

相似圖形

　　弘道打算影印筆記，拿給請假沒來上課的同學，但是他一不小心按到了影印機上的縮小鈕，結果印出來後，圖案全都變小了。

　　亞理莎為了同樂會的表演，正在練習皮影戲，結果她發現了一個有趣的現象：

　　「愈靠近光源，影子愈大耶！」

　　弘道筆記本上畫的三角形，與影印出來的縮小後的三角形，兩個形狀是相同的。這是不是也叫全等呢？由於這2個三角形的大小是不一樣的，所以不是全等。亞理莎的皮影戲也一樣。

　　像這樣的 2 個形狀相同、大小相異的圖案，在數學上就稱為「相似圖形」。

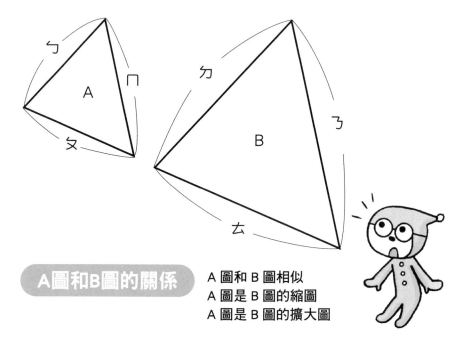

A圖和B圖的關係

A 圖和 B 圖相似
A 圖是 B 圖的縮圖
A 圖是 B 圖的擴大圖

全等三角形的 3 個邊與 3 個角都是一樣的。那麼相似三角形有哪裡一樣呢？請量量看上面的三角形 A、B 各自的角度與邊長。

如何？是不是角度都一樣，但是邊長不一樣呢？算算看三角形 B 的ㄅ邊，是 A 的ㄅ邊的多少倍吧。同樣的，也請你算算看 B 的三角形的ㄊ邊，是 A 的ㄆ邊的多少倍。

答案是，每個邊的倍數都一樣。相似三角形的 3 個角度是相同的，而邊長的倍數也相同。

比原圖大的相似圖形，稱為「擴大圖」，較小的相似圖形則稱為「縮圖」。擴大圖與縮圖都可以透過皮影戲變大變小的原理來繪製。

我們會稱呼擴大圖為「幾倍」擴大圖，而這個「幾倍」又叫做「倍率」。「倍率」是我們在使用影印機或望遠鏡時，常見的詞彙。而縮圖則會稱為「幾分之 1」縮圖，這個「幾分之 1」又叫「比例尺」，在地圖上很常見。

幾何小提醒

❶ 兩個形狀相同，大小相異的圖案，數學上稱為相似圖形。

❷ 比原圖大的相似圖形，稱為擴大圖；比原圖小的相似圖刑，則稱為縮圖。

來畫擴大圖與縮圖吧

方法 1 利用手電筒與螢幕的距離

手電筒距離螢幕愈遠,投影就愈大,離螢幕愈近,
投影就愈小。透過這個原理,就能繪製出擴大圖與縮圖了。

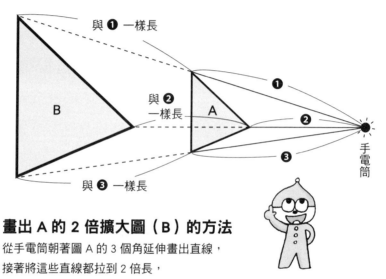

畫出 A 的 2 倍擴大圖(B)的方法

從手電筒朝著圖 A 的 3 個角延伸畫出直線,
接著將這些直線都拉到 2 倍長,
將末端的 3 個點連接起來,就能繪製出 2 倍擴大圖(B)了。
想要畫成 3 倍或 4 倍時,將直線延長至 3 倍或 4 倍即可。

★同樣的方法也可以用來畫 B 的 $\frac{1}{2}$ 縮圖

從手電筒朝著圖 A 的 3 個角延伸畫出直線,
接著將這些直線都拉到 2 倍長,
將末端的 3 個點連接起來,就能繪製出 2 倍擴大圖(B)了。
想要畫成 3 倍或 4 倍時,將直線延長至 3 倍或 4 倍即可。

方法 2 將邊長延長或縮短

這個方法能更簡單地畫出擴大圖與縮圖。

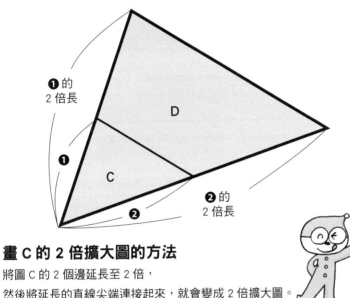

❶的 2 倍長

❶

D

C

❷

❷的 2 倍長

畫 C 的 2 倍擴大圖的方法

將圖 C 的 2 個邊延長至 2 倍，
然後將延長的直線尖端連接起來，就會變成 2 倍擴大圖。
要畫縮圖時，將邊長的 $\frac{1}{2}$ 處或 $\frac{1}{3}$ 處連起來即可。

畫四邊形時……

將圖 E 夾住任 1 個角的 2 個
邊延長至 2 倍，然後將那個
角的對角線也延伸至 2 倍，
再把這些延長線的末端連接
起來，就成為 2 倍擴大圖了。

將對角線
延長 2 倍

E

F

畫縮圖時，將 2 條邊與 1 條對角線的長度分成 2 等分或 3 等分即可。

對稱圖形

大家有沒有用鏡子玩過這樣的遊戲呢？

將鏡子擺在身體的中間，單腳舉起，這時鏡子裡的自己看起來就像浮起來一樣。

像這樣透過鏡子的反射，使左右圖形完全一樣，就稱為「對稱」，而抵住鏡子的線則稱為「對稱軸」。由於這樣的圖形中間都會夾一條像鏡子一樣的線，所以又稱為「線對稱」。

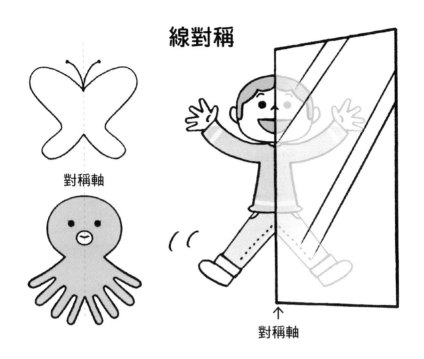

線對稱

對稱軸

對稱軸

　　對稱除了線對稱以外，還有另一種叫做「點對稱」。
這是一種旋轉 180 度以後，形狀會完全相同的對稱圖形。

　　說到平日最常看到的點對稱圖形，那就是風車了。如
果將風車從正中央對折的話，左右無法疊合，但若旋轉
180 度，圖案就會完全吻合。風車的中心，就是點對稱圖
形的中心，稱為「對稱中心」。

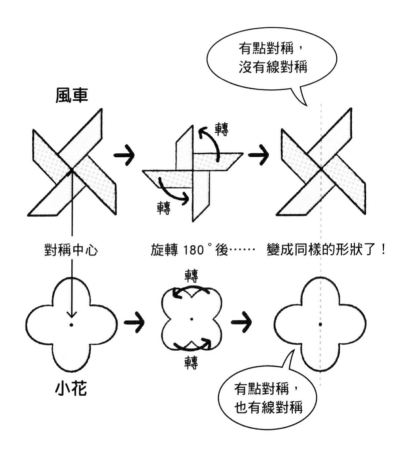

　　我們身邊有許許多多線對稱與點對稱的圖案，仔細一看，有些除了是點對稱，同時也是線對稱。快來找找看有哪些東西具備這樣的特質吧。

用色紙折出線對稱與點對稱

透過色紙，就能簡單做出線對稱與點對稱的圖形。

線對稱圖形

① 將色紙對折

③ 把色紙展開，就是線對稱

② 沿著線剪下來

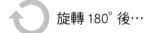 旋轉 180° 後…

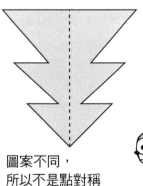

圖案不同，
所以不是點對稱

點對稱圖形

① 和 67 頁一樣，先做
　出一個線對稱圖形

② 沿著正中央的折線
　（對稱軸）剪開

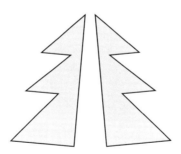

③ 將另一半翻面，
　拼在一起

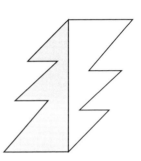

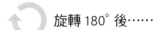 旋轉 180° 後……

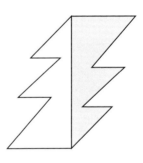

和旋轉前形狀相同，
是點對稱。

是線對稱，也是點對稱的圖形

① 將色紙對折

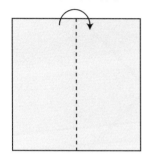

④ 展開後就是線對稱

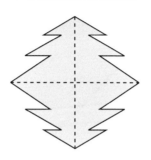

② 再對折

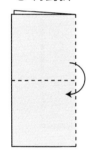

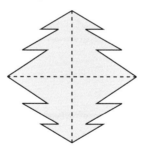 旋轉180°後……

③ 沿著線將圖案剪下

與旋轉前圖案相同。
代表這個圖案同時
也是點對稱。

69

來玩七巧板

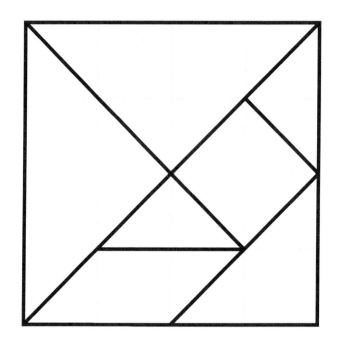

什麼是七巧板？

　　七巧板是一種源自中國的拼圖，由大正方形、小正方形、等腰直角三角形、平行四邊形，這七種圖案拼湊而成。將一個個小圖案組合起來，就能創造出各式各樣的圖形。大家可以將上面的七巧板圖案描到厚紙板上，做出各種圖案來玩！

用七巧板挑戰各種形狀

將七巧板組合起來,做出以下 7 種圖案吧。

一定要把 7 個小圖案全部用上唷。

答案在下一頁。

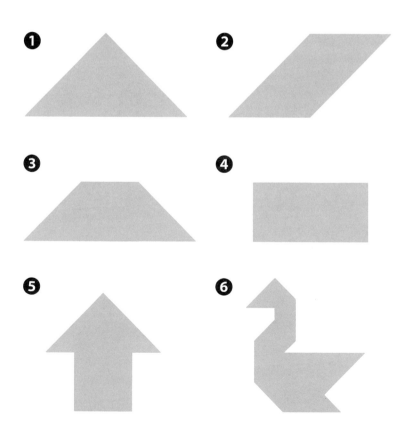

答 案

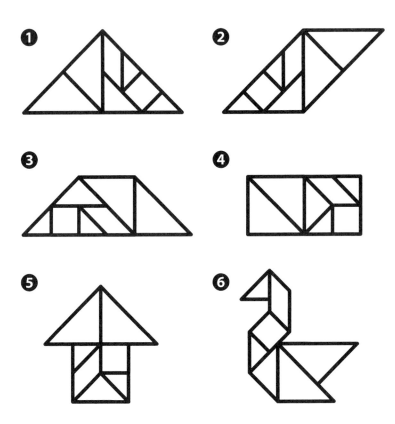

試著拼出各種
圖案吧！

碰得到的圖形

各式各樣的立體圖

前面我們提到的都是畫在紙上的圖案，也就是平面圖形，但在我們身邊，其實不只是畫在紙上的圖案，還有各種能碰得到的圖形。

例如，早上起床喝牛奶時，我們會握住杯子；唸書的時候，會拿鉛筆和橡皮擦。不論杯子、鉛筆還是橡皮擦，大家都可以用手觸摸到，像這種碰得到的形狀，在數學中就稱為「立體圖形」。

立體圖形的特徵

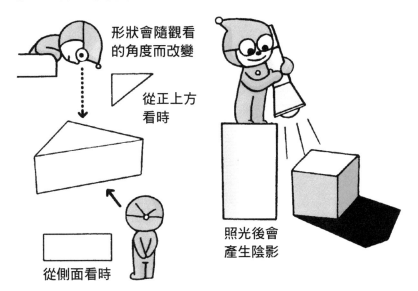

形狀會隨觀看的角度而改變

從正上方看時

從側面看時

照光後會產生陰影

立體圖形受到光照後，就會產生陰影。從上面看與從側面看，形狀也不同。例如：上圖的積木，從上面看是三角形，從側面看卻是長方形。

這種立體圖形中的三角形及四邊形，稱為「面」。其實立體圖形是由許許多多的面組合而成的，面與面的相鄰處稱為「邊」，而邊的末端，也就是尖尖突起的地方，則稱為「頂點」。

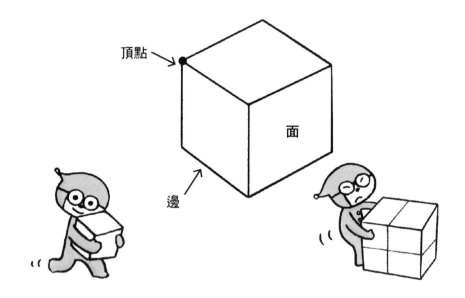

接著，請看右頁的骰子圖。它的面呈現什麼形狀呢？每一面都是正方形。像骰子一樣，所有的面都是正方形的立體圖形，叫做「立方體」。

那餅乾盒的面呢？餅乾盒每一面的形狀都是長方形，但從正面和側面看，以及從上面看，形狀都不同。像這樣的立體圖形，就叫做「長方體」。

仔細看看我們身邊的物品，會發現有好多東西都是長方體，像是面紙盒、豆腐等等。

立方體

從上面看　　從側面看

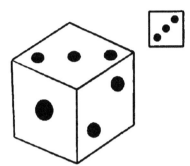 

立方體不論從上面看或從側面看，都是正方形

長方體

從上面看　　　從正面或從側面看

長方體的面有各種形狀

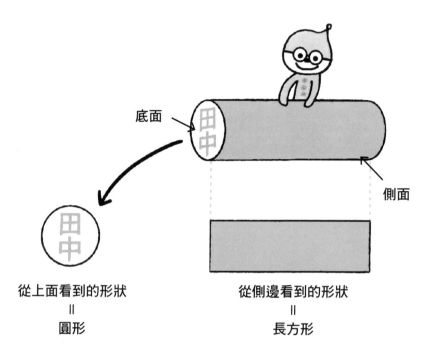

底面

側面

從上面看到的形狀
＝
圓形

從側邊看到的形狀
＝
長方形

接著，讓我們來好好觀察一下印章的形狀。印章可以蓋出圓形的印子，但從側面看，卻是長方形。將它橫放在桌上，又會滾動。像這樣的形狀，就稱為「圓柱體」。

當圓柱體站立、圓形面朝下時，底部的圓形稱為「底面」，側邊的面則稱為「側面」，也就是說，圓柱體底面的形狀是圓形。

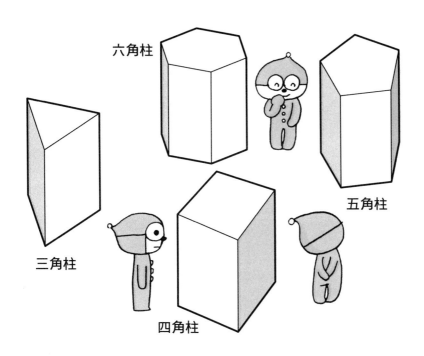

六角柱

五角柱

三角柱

四角柱

除了圓柱體以外，還有與它很相似的形狀，只不過底面是三角形或四邊形。

底面為三角形的叫做三角柱，四邊形的叫做四角柱，五邊形的叫做五角柱、六邊形的叫做六角柱。

像這樣，底面形狀為多邊形的柱體，就稱為「多角柱體」。

來畫立體圖形

老師帶著班上同學，利用美術課的時間繪製像階梯一樣的立體圖。

「要把這個立體圖形畫得一目瞭然唷，技巧在於從各個方向仔細觀察。」老師說道。

「該怎麼做才能將立體的圖形畫在平面的圖畫紙上呢？」同學們邊想邊畫起了立體圖形，不一會兒，各式各樣的立體圖形便完成了。

將這個立體圖形用
一目瞭然的方式畫出來吧！

投影圖

這是從正上方和正側面看到的樣子！

真由美

「我把從各個角度看到的形狀畫下來了！」真由美説。她畫的圖，是從立體圖形的正側面、正上方與正面所看到的形狀。

「從這個角度看，應該很立體吧？」涼太説。他畫的圖，是從斜上方看到的模樣，很有立體感呢。

「要把圖案畫得一目瞭然啊……，好，那我要用厚紙板自己做做看這個立體圖形，然後再把它拆開來畫。」

示意圖

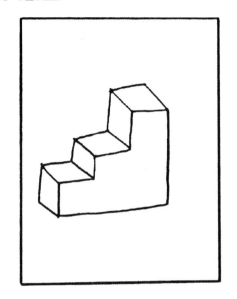

我把看到的樣子直接畫下來了～！

涼太

　　勇太邊說邊讓老師看他畫的圖案。他畫的圖非常有趣，有好多個面相鄰在一起，看起來像箭頭一樣。

　　三人的畫法都是將立體圖形表現於平面的常用方法。

　　像真由美一樣從正面、正上方、正側面來畫的，稱為「投影圖」。

　　涼太的畫法，叫做「示意圖」。

　　而像勇太一樣的畫法，叫做「展開圖」。

展開圖

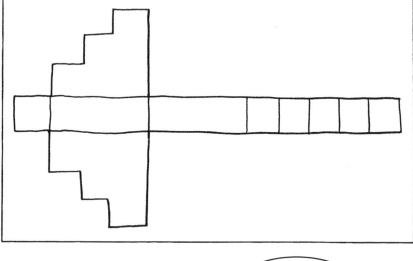

哇～～～！

組起來就會變成
一樣的形狀唷！

勇太

幾何小提醒

❶ 把立體圖形正上方和正側面看起來的樣子畫下來，就是投影圖。

❷ 把看到的立體圖形的樣子直接畫下來，就是示意圖。

❸ 把立體圖形表面攤平的樣子畫下來，就稱為展開圖。

立方體的展開圖

立方體是由 6 個正方形組成的，所以立方體的展開圖，就是 6 個相連的正方形。讓我們將 6 個正方形連成一串的圖案做成立方體吧。

是的。這個圖形組起來並不會變成立方體。為什麼呢？請觀察看看立方體的形狀。

首先，立方體有 1 個底部和 1 個蓋子（底面），還有 4 面牆（側面）。將這 4 個側面將 4 個正方形連成一串，

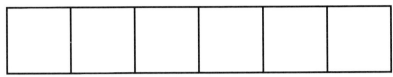

「咦？沒辦法做成立方體耶。」

兩旁再添上底部和蓋子，就會變成立方體的展開圖（下頁的 1）。

蓋子與底部可以連接在任一個側面，展開圖如 2～6，即使蓋子和底部錯開，一樣可以拼湊成立方體。7 是變化更複雜的展開圖，從 7 將蓋子與底部錯開，就會變成 8～11。

像這樣把可能性全都畫出來，就會知道一共有 11 種立方體的展開圖。

立方體的展開圖

快來試試看下面的每一個圖案
是否都能拼湊成立方體吧！

以①為基準
來試試看

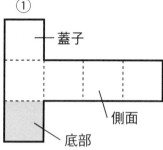

① ── 蓋子

側面

底部

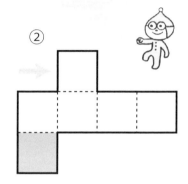

②

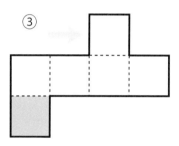

③

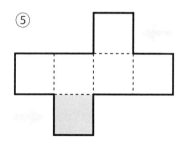

④

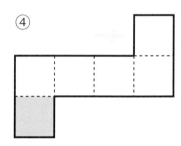

⑤

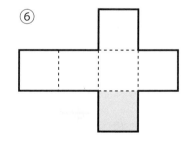

⑥

還有這
些形狀唷

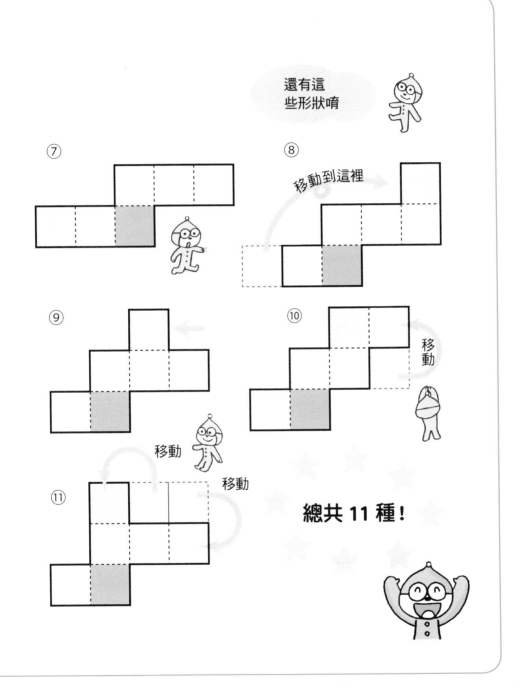

⑦

⑧ 移動到這裡

⑨

⑩ 移動

移動

移動

⑪

總共 11 種!

長方體的展開圖

　　前面我們已經提過，立方體的展開圖總共有 11 種了。那麼，長方體的展開圖，一共有幾種呢？

　　「應該跟剛才一樣，共 11 種吧。」

　　「是嗎？可是長方體每個面的形狀都不一樣，所以應該會比 11 種少吧……」

　　「我反而覺得會比 11 種多耶……」

　　不如就讓我們將長 1 公分 × 寬 2 公分 × 高 3 公分

11種？

20種！

到底有
幾種呢？

的長方體展開圖，一邊畫在方格紙上，一邊思考吧。

　　長方體展開圖與立方體展開圖的畫法是一樣的，將 4
個牆壁（側面）加上底部與蓋子便完成了。老師請俊也班
上的同學，每個人都用立方體展開圖的方式，套用在長方
體展開圖上，試試看有哪幾種行得通。

　　將立方體的其中 1 種展開圖「T 型展開圖」，套用到
長方體的展開圖上，將縱向與橫向的面排列組合，一共可

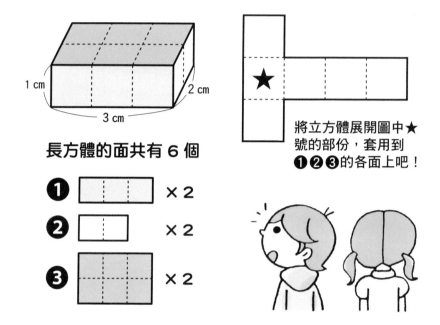

長方體的面共有 6 個

❶ ▭ × 2

❷ ▭ × 2

❸ ▭ × 2

將立方體展開圖中★號的部份，套用到❶❷❸的各面上吧！

以求出 6 種展開圖，而將立方體的其它展開圖也用相同方式套用到長方體展開圖上，都能各求出 6 種。

若 1 種立方體展開圖，就能變化出 6 種長方體展開圖，那麼將全部 11 種立方體展開圖對應到長方體展開圖上，就能算出一共有 66 種。

這時莎織說話了。

「老師！我發現我畫的長方體展開圖中，有的轉一圈

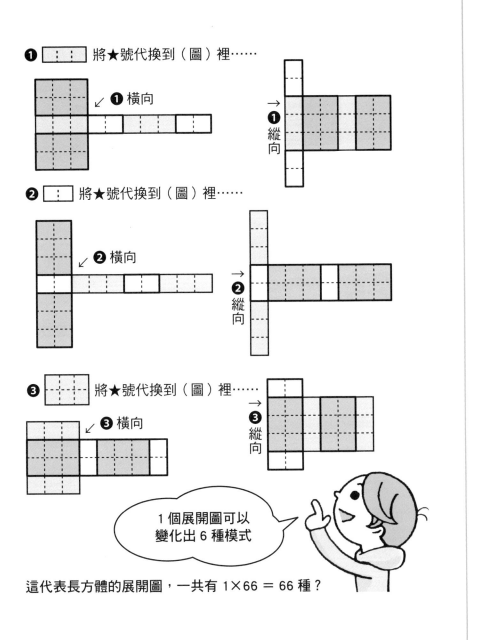

❶ 將★號代換到（圖）裡……

❶橫向

→縱向 ❶

❷ 將★號代換到（圖）裡……

❷橫向

→縱向 ❷

❸ 將★號代換到（圖）裡……

❸橫向

→縱向 ❸

1 個展開圖可以
變化出 6 種模式

這代表長方體的展開圖，一共有 1×66 ＝ 66 種？

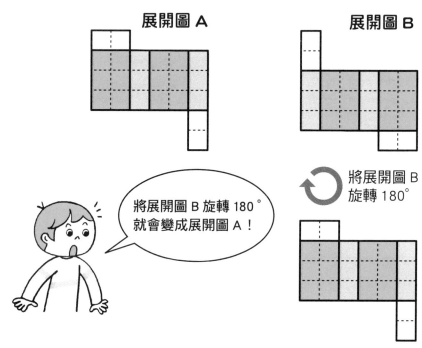

就會變得一模一樣……」

有嗎？唉呀，真的耶。仔細一看，<u>莎織畫的長方體展開圖</u>，有些形狀是重複的。

再找找看有沒有其它相同的情況，結果發現有 12 種展開圖，與其它的展開圖是一樣的。

所以長方體展開圖一共有 66 減去 12，總計 54 種。在大家的同心協力下，有了意想不到的發現呢。

有 12 種圖案是旋轉 180°
後形狀重複的,
因此長方體展開圖總共有
66-12＝54 種!

啊!這兩個也
是一樣的!

有趣的展開圖

「把這張畫有鳥的圖案的厚紙板，按照虛線折起來看看會變成什麼。」

老師說完後，莉香接過厚紙板開始組合起來，結果讓他嚇了一跳。

「哇！組好後竟然變成立方體了！」

前面曾經提過立方體的展開圖共有 11 種，難道這隻鳥形的展開圖是第 12 種嗎？

鳥形展開圖

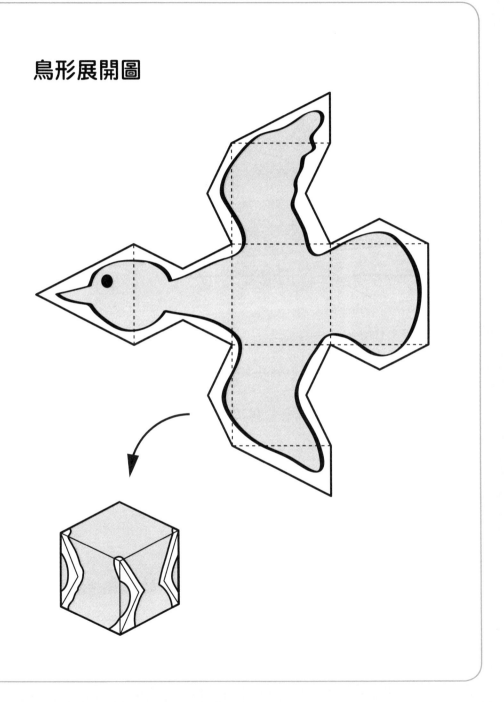

鳥形展開圖的製作方法

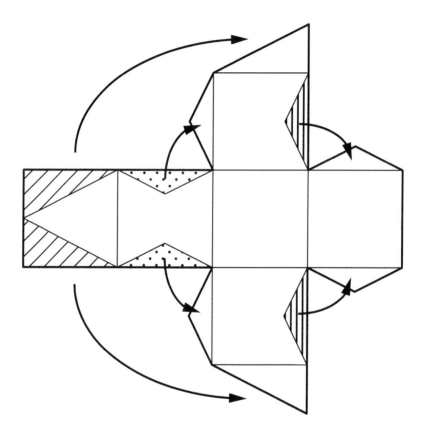

從鳥喙和身體的部份,將三角形剪下來,黏到另一面上,就會
變成翅膀和鳥尾。記得剪下的三角形,一定要黏貼在拼湊起來
後能完全吻合的地方。

　　其實，這是將 88 頁的立方體展開圖的圖 6 稍微變化
後的結果。

　　除了鳥以外，也可以試著做做看各式各樣有趣的展開
圖。訣竅在於剪下的圖案與被剪下的地方，組起來時一定
要完全吻合。

　　大家不妨也花點巧思，試著用厚紙板製作出各種有趣
的展開圖吧！

錐體

　　讓我們從各個角度來觀察金字塔的形狀吧。從側面看是大三角形，從上面看是四方形。那在派對上戴的尖尖的帽子呢？從側面看是三角形，從上面看是圓形。放紅茶的立體茶包，從側面看是三角形，從上面看也是三角形。

　　日本的寺院裡有一種叫做「六角堂」與「八角堂」的建築物，從側面看，它們都尖尖的，從上面看，則是六邊形與八邊形。

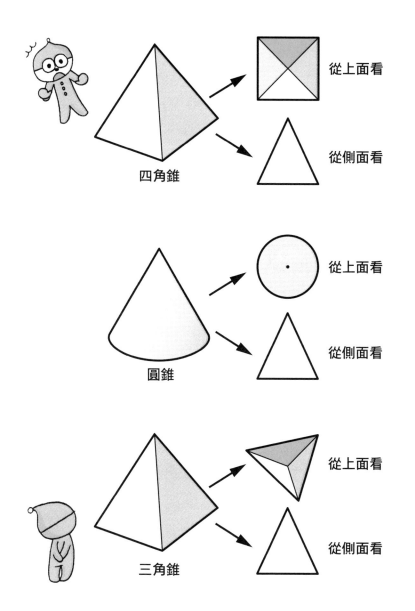

四角錐

從上面看

從側面看

圓錐

從上面看

從側面看

三角錐

從上面看

從側面看

八角堂

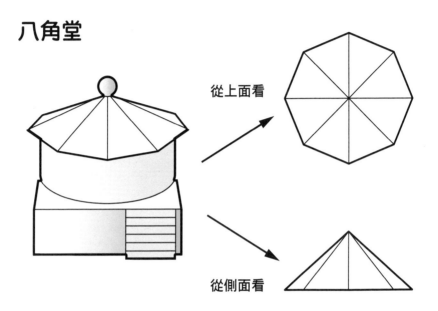

從上面看

從側面看

　　像這樣從側面看呈現三角形的立體圖形，叫做「錐體」。而從上面看呈現四邊形的，叫做「四角錐」；呈現圓形的，叫做「圓錐」；呈現三角形的，叫做「三角錐」。錐體的展開圖如右頁，試著組組看吧！

錐體的展開圖

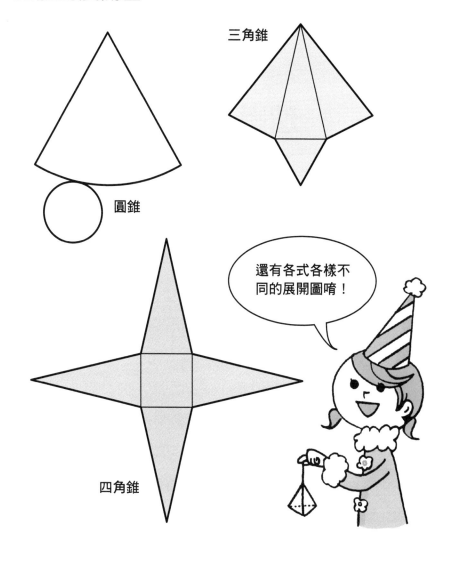

三角錐

圓錐

還有各式各樣不
同的展開圖唷！

四角錐

球與多面體

　　大家常玩的球是圓形的，而且不論從任何角度看都是圓形。像這樣的立體圖形，就叫做「球」。

　　球在日常生活中很常見，仔細觀察，會發現它是一個很特殊的形狀。它不像其它的立體圖形一樣，有邊和頂點，表面也不是直的，每一個地方都帶有弧度，這個弧形的面叫做曲面。將東西放在球的表面會滑掉，且球會朝任何方向滾動。

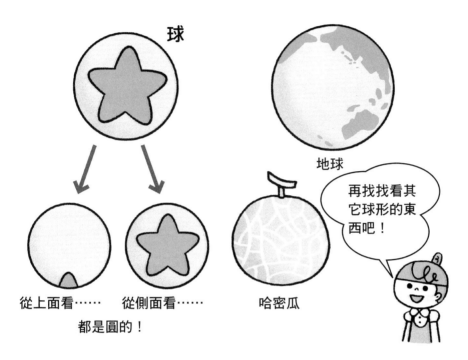

球

地球

哈密瓜

從上面看……　　從側面看……

都是圓的！

再找找看其它球形的東西吧！

　　我們居住的地球也是球形。地面的形狀應該和球的表面一樣，都是弧形的，但我們卻覺得地面是直的，那是因為地球實在太大了，表面的弧度變得非常平緩，所以讓人感覺是直的。

　　在海邊的時候，就會明顯感覺到地球是圓的。眺望大海時，會發現遠方的海面與天空有一條交界，這稱為水平線，證明了地球表面是弧形。

水平線

另一個是地面與天空的交界，稱為地平線。在沒有山的廣闊草原及沙漠，就能看到地平線，若是在<u>日本</u>的話只要去<u>北海道</u>就能看到。

像鑽石之類的寶石，外表看起來也像是圓形，但這也算是球嗎？

仔細一看，會發現上面有邊和頂點，以及好多個面，它們彼此相連，組成了一個立體圖形。因此鑽石和球不

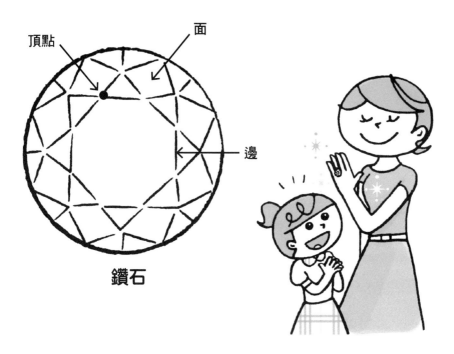

頂點

面

邊

鑽石

同。像這樣的圖形，稱為「多面體」。

多面體是由許多形狀相同的面所組成的立體圖形的總稱。面的數目若有 8 個，就叫做八面體；若有 12 個，就叫做十二面體。

比較特別的是，若面是正三角形，就叫做正多面體。而將 2 個金字塔合起來的立體圖形，每個面都是正三角形，就稱為「正八面體」。

立方體是由 6 個正方形組成的立體圖形，又稱為「正六面體」。由 4 個正三角形組成的立體圖形，則叫做「正四面體」，又稱為「正三角錐」。

正多面體總共只有右頁的 5 種。

幾何小提醒

❶ 球不像其他立體圖形一樣有邊和頂點，且表面帶有弧度，這個弧形的面就叫做曲面。

❷ 海面與天空的交界，稱為水平線，而地面與天空的交界，稱為地平線。

❸ 像鑽石這樣的物品，看起來是圓的，但實際有許多面，也有邊及頂點，因此稱為多面體。

5 種正多面體

正四面體
（正三角錐）

正六面體
（立方體）

正八面體

正十二面體

正二十面體

可以切割的立體圖形

　　將蜂蜜蛋糕切成每人 1 份時，切口會呈現長方形。這個切口叫做「剖面圖」。像蜂蜜蛋糕一樣的長方體，縱切與橫切的形狀是不一樣的。

　　立方體則不論縱切或橫切，剖面圖都是正方形。但若斜著切，就會變成長方形。透過不同的切法，立方體及長方體還可以切出三角形。再多花點巧思，還能切出五邊形與六邊形的剖面圖呢。可以用切成立方體的豆腐來實驗。

**蜂蜜蛋糕
（長方體）**

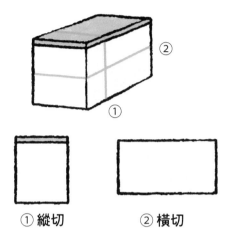

① 縱切　　　② 橫切

**豆腐
（立方體）**

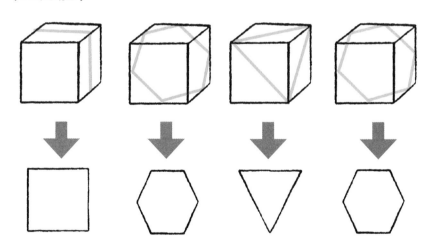

剖面會依照切的角度而改變！

那圓柱體呢？

將小黃瓜直直地縱切，會切出圓形；若斜切，就會切出像把圓形壓扁一樣的形狀，也就是「橢圓形」。

魚板縱切，會切出類似半圓形、扇形的形狀，橫切則會變成長方形。

圓錐橫切是圓形，縱切是三角形，而橫切出來的圓，會根據切的地方不同而改變大小，這些大小不同的切面，都是相似圖形（參考 58 頁）。同樣的，四角錐橫切就是四邊形，三角錐橫切就是三角形。

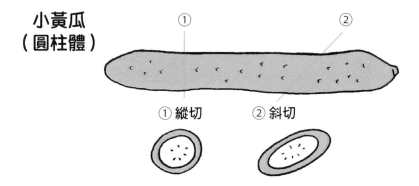

小黃瓜
（圓柱體）

① 縱切　　② 斜切

魚板

① 縱切

② 橫切

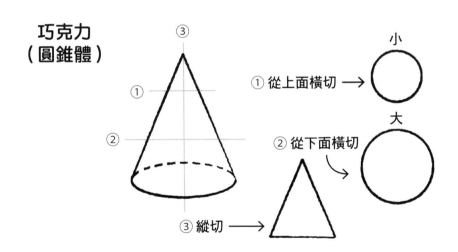

巧克力
（圓錐體）

① 從上面橫切 → 小

② 從下面橫切

③ 縱切 →

大

球不論從任何角度切入，都是圓形，但圓的大小會因為切的地方而改變。

例如：切柳橙時，從蒂的部份縱切到尾端，切面是圓形。而將柳橙橫放切切看時，不論怎麼切都是圓形，但大小會隨切的地方而改變。

大家可以試著用各種角度切切看身邊的立體圖形，看看能切出什麼樣的切面。

但要記得，使用刀子時一定要非常小心，務必在家人的陪同下再使用，以免受傷唷。

柳橙

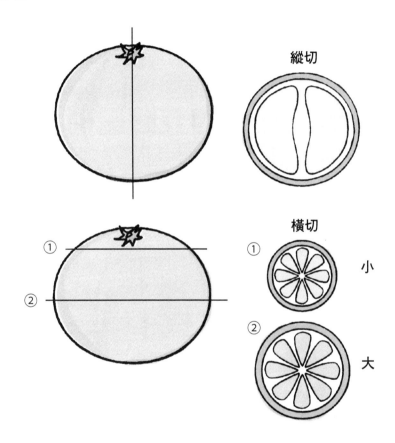

縱切

橫切

① 小

② 大

可以旋轉的立體圖形

　　電風扇或螺旋槳在靜止時，葉片的形狀是很清楚分明的，不過一旦開始轉動，葉片就會像連在一起一樣，變成圓盤狀。像這樣的立體圖形在靜止時與轉動時，形狀看起來就會不一樣。

　　那像右圖一樣，將直角三角形、長方形、半圓形黏在棍子上旋轉，會變成什麼樣呢？

　　「應該全部都會變成圓形吧？」

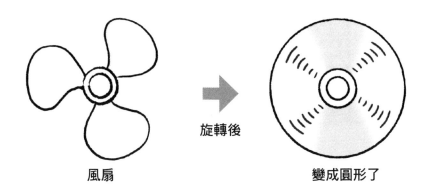

旋轉後

風扇

變成圓形了

旋轉後會變成什麼形狀呢？

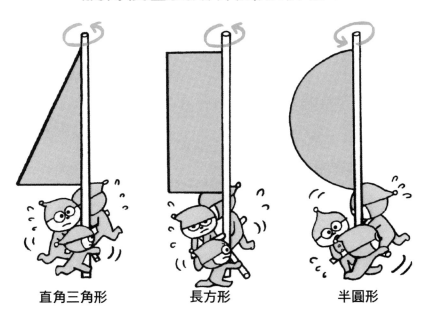

直角三角形　　　　　長方形　　　　　半圓形

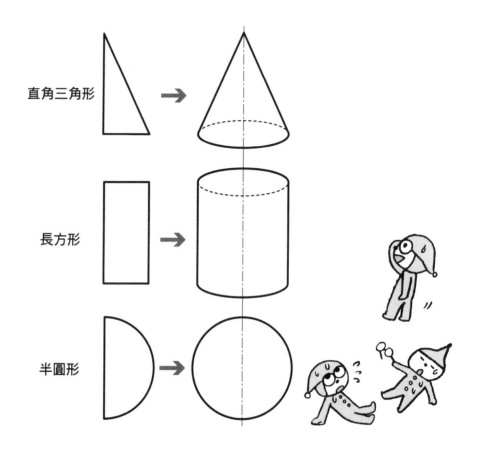

直角三角形

長方形

半圓形

　　「長方形旋轉後應該會變成長方體！」結果到底會怎麼樣呢？讓我們來試試看吧！

　　直角三角形會變成圓錐體，長方形會變成圓柱體，半圓形則變成球。

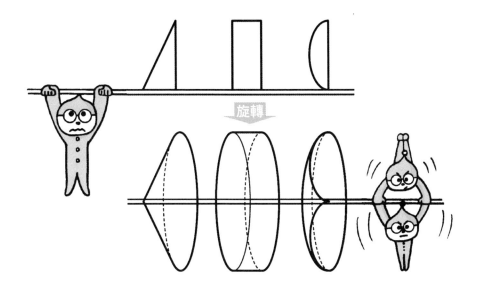

　　那將棍子從直的改成橫放，然後在旋轉它會如何呢？結果形狀又改變了。

　　像這樣旋轉平面、改變旋轉的軸心，就能變化出各式各樣的立體圖形。想像一下身邊的東西轉動時會變成什麼樣子，也很好玩呢。

動手做做看！

用色紙折立體圖形

1. 來玩組合摺紙※

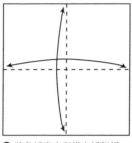

❶ 將色紙直向與橫向都對折一次，做出摺痕後翻回原本的位置。

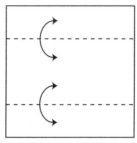

❷ 接著將上下往中間折，做出摺痕後，同樣翻回原本的位置。

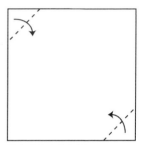

❸ 把兩個角往內折。

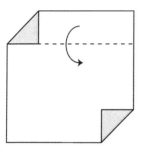

❹ 沿著虛線折起。

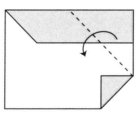

❺ 沿著虛線折起。

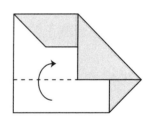

❻ 沿著虛線折起。

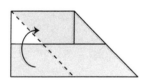

❼ 插到裡面。

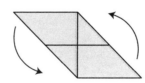

❽ 轉個方向。

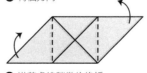

❾ 沿著虛線稍微往後折。

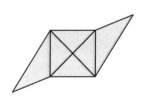

❿ 組合元件完成了！

※ 薗部式元件摺紙

2. 立方體的組合法

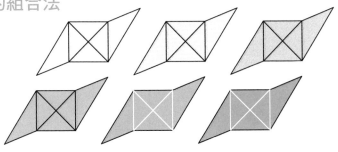

❶ 準備 6 個顏色不同的組合元件。

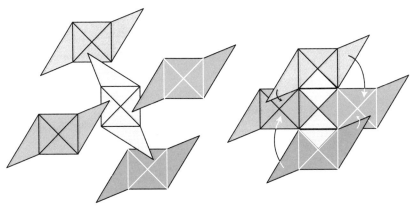

❷ 如圖插進去組起來。　　　　　❸ 如圖插進去組起來。

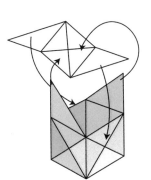

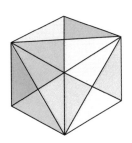

❹ 如圖插進去組起來。　　　　　❺ 立方體完成了！

3. 二十四面體的組合法

❶ 將組合元件從正中央折成
兩半後翻回原本的位置。

❷ 準備12個顏色不同的組合元件。

❸ 將 3 個元件如圖互相組合
起來。

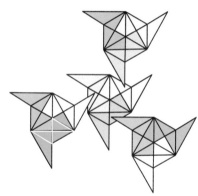

❹ 做好❸後一共做出 4 組，
如圖組合起來。

❺ 如圖組合起來

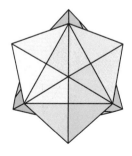

❻ 二十四面體完成了！

第 **3** 課

測量圖形

四邊形的面積

真里香正在看爸爸和媽媽常看的公寓傳單。

「右邊的房間和左邊的房間，哪邊比較大呢？」

右邊的房間是正方形，左邊的房間是長方形，乍看之下很難知道哪一邊比較大，於是真里香將傳單剪下來比較看看。

「形狀不同，沒辦法完全疊合耶……」

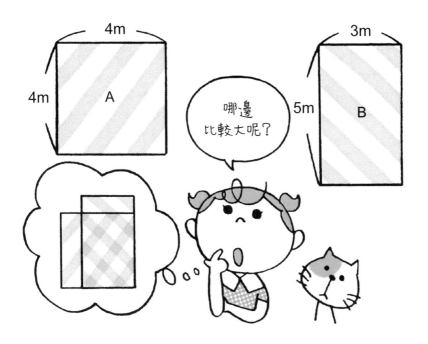

　　要比較 2 個房間的大小，該怎麼做呢？讓我們將 2 個房間切割成小小的正方形吧。正方形的房間，寬 4 公尺，每 1 公尺就切 1 個正方形，就會變成直向 4 個，橫向 4 個，那麼邊長 1 公尺的正方形，一共有幾個呢？直向 4 個 × 橫向 4 個，所以總共是 16 個。

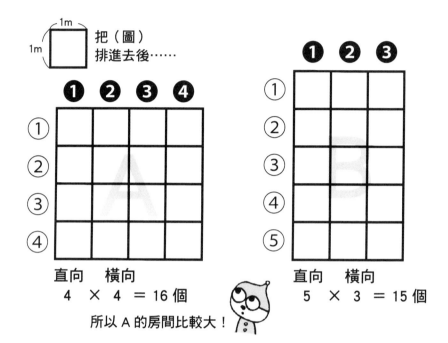

那長 5 公尺，寬 3 公尺的長方形房間呢？邊長 1 公尺的正方形，共有直向 5 個 × 橫向 3 個，全部 15 個。數數看小正方形的數量，會發現正方形房間比長方形房間多，所以正方形房間比長方形房間還要大。

這裡指的房間大小，在數學中稱為「面積」。長方形與正方形的面積，可以透過將直向的邊長與橫向的邊長相乘來計算。

面積的單位寫做 m^2，讀為平方公尺。邊長 1 公尺的小正方形面積就是 $1m \times 1m = 1m^2$。正方形房間是由 16 個 $1m^2$ 的正方形拼成的，所以面積是 $16m^2$。而長方形房間的面積就是 $15m^2$。

若直向與橫向的長度單位都是公分，那麼面積單位就是 cm^2（平方公分）。

那平行四邊形呢？同樣將直的邊長與橫的編成相乘應該就可以了吧？在這之前，讓我們先回到剛才的小正方形的例子。

將平行四邊形劃分成小正方形時，很難像正方形或長方形一樣，劃分得剛剛好，不管怎麼畫，就是會多出一塊三角形。那麼這個三角形的面積該怎麼求呢？

實際在方格紙上畫畫看平行四邊形，就會很清楚了。將一邊的三角形用剪刀剪下來，拼到另一側三角形的斜邊上……平行四邊形就變成長方形了。湊成長方形後，再將一邊的長度畫分成數個邊長 1 公分的正方形，數數看有幾個。答案是直向有 5 個，橫向有 8 個，正方形數目共

有 40 個，所以面積是 40 平方公分。

由此可知，平行四邊形的面積，只要將下面的邊（底）的長度，以及與它垂直的線（高）的長度相乘，就能計算出來了。

⋯⋯⋯⋯ 幾何小提醒 ⋯⋯⋯⋯

❶要比較兩個不同的房間大小時，將它切割成更小的 1 公尺正方形，看那一邊較多，就知道哪個房間比較大了。

❷計算四邊形面積時，先畫分出一個大正方形，此時兩側會各多出一個三角形，將一側的三角形拼到另一側三角形的斜邊上，這樣一來四邊形就變成長方形了。接著再將它分割成 1 公分的小正方形，答案就出來了。

平行四邊形面積的求法

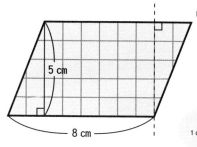

① 從平行四邊形的角朝對面的邊畫一條垂直線，就能將平行四邊形劃分成長方形與直角三角形。

裡面可以放幾個（圖）的正方形呢？

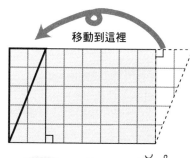

移動到這裡

② 移動直角三角形，對準斜邊，將它與另一側的直角三角形拼湊在一起。

正方形的樹木有
直向 5 個 × 橫向 8 個＝40 個

啊！
變成長方形了！

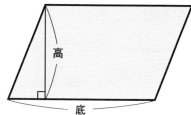

平行四邊形的面積
＝底 × 高

三角形的面積

　　三角形的面積該怎麼求呢？先來參考一下平行四邊形的算法吧。在平行四邊形上畫一條對角線，就會分成 2 個三角形。左右三角形的形狀相同，因此 1 個三角形的面積，剛好是平行四邊形的一半。剛才已經說明了平行四邊形面積的求法為底 × 高，所以三角形的面積，就是底 × 高 ÷ 2。

三角形面積的求法

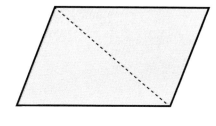

① 在平行四邊形上畫 1 條對角線，分割出 2 個三角形。

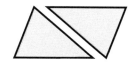

變成 2 個同樣大小的三角形了！

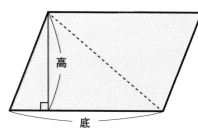

② 平行四邊形的面積是
底 × 高

③ 三角形的大小剛好是平行四邊形的一半，因此將底 × 高 ÷ 2 就能求出面積。

三角形的面積
＝底 × 高 ÷ 2

那要求像右頁一樣的五邊形面積，該怎麼做呢？

其實只要將它想成能分成幾個三角形，就很簡單了。先從1個角畫出2條對角線，將五邊形切割成3個三角形。接著求出每一個三角形的面積，再將所有的三角形面積加起來，就能知道五邊形的面積了。

三角形是計算面積時的基本圖形。不論多麼複雜的圖案，只要分割成三角形，就能算出面積。快來運用這個方法，算算看各種不同圖形的面積吧！

幾何小提醒

❶平行四邊形的面積求法為底 ╳ 高，所以三角形的面積就是底 ╳ 高 ÷2。

❷三角形是計算面積時的基本圖形，任何圖形只要能分割成三角形，就能算出面積。

來求五邊形的面積吧！

在五邊形上畫 2 條線，
分出三角形！

將五邊形分成三角形 A、B、C
3 個三角形的面積總和，就是五邊形的面積。

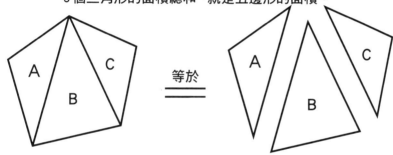

等於

用同樣的方式，計算各種圖案的面積吧！

等於

不論什麼樣的形狀，
都可以畫分成許多
三角形的組合唷！

133

菱形與梯形的面積

　　菱形和平行四邊形一樣，都能透過底 × 高的公式來求出面積。但其實還有另一個算面積的方法，那就是將菱形的 2 條對角線長度相乘，再除以 2。可是為什麼用這個公式，可以算出菱形的面積呢？

　　將菱形的對角線畫出來，可以分割出 4 個直角三角形。接著再像 135 頁的上圖一樣，畫一個可以將菱形剛好放進去的大長方形，你會發現，菱形的大小剛好是大長

菱形面積的求法

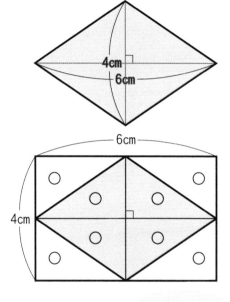

先畫一個對角線與邊長相等的長方形試試看吧！

① 畫一個剛好能塞進菱形的長方形。沿著菱形的對角線切開，就會形成 4 個直角三角形。

這些直角三角形每個都一樣大！

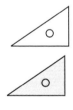

② 菱形可以分割成 4 個直角三角形，
長方形則可分割成 8 個直角三角形。
因此長方形的面積是菱形的 2 倍。

菱形面積＝對角線 × 對角線 ÷2

上圖的菱形面積為
$4cm \times 6cm \div 2 = 12cm^2$

方形的一半。

　　大長方形的直向與橫向的邊長，與菱形對角線的長度是相同的，因此大長方形的面積為 4cm × 6cm ＝ 24cm^2。

　　而菱形的大小是這個長方形的一半，因此面積就是 4cm × 6cm ÷2 ＝ 12cm^2。

　　這種透過對角線來計算面積的方式只要對角線相交呈直角，也可以運用在菱形以外的四邊形上。例如右圖的四邊形，就與菱形相同，都能用對角線 × 對角線 ÷2 的公式計算出來。

　　順帶一提，由於正方形的對角線相交呈直角，因此也可以套用「對角線 × 對角線 ÷2」的公式來計算面積。這個方法可以在只知對角線長度但不知道邊長時求面積，因此不妨把它記下來。

　　那梯形的面積該怎麼辦呢？

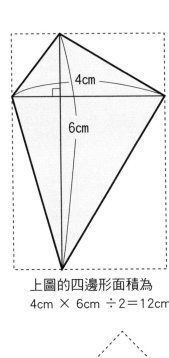

只要對角線相交呈直角，
不論任何形狀，都能用對
角線 × 對角線 ÷2 的公
式求出面積！

上圖的四邊形面積為
4cm × 6cm ÷2＝12cm²

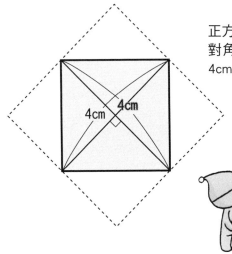

正方形也可以用
對角線來求面積
4cm × 4cm ÷2＝8cm²

因為正方形的
對角線也相交
呈直角。

梯形可以畫出 1 條對角線，分成 2 個三角形來求。例如右頁的三角形 A，面積就是底 4cm × 高 3cm ÷2 ＝ 6cm^2。三角形 B 則是底 6cm × 高 3cm ÷2 ＝ 9cm^2。將這 2 個三角形的面積相加，就會等於 6cm^2+9cm^2 ＝ 15 cm^2。

這 2 個三角形的高一致，所以在算式裡可以合併，變成（上底 4cm ＋下底 6cm）× 高 3cm ÷2。運用三角形面積的求法，就能算出梯形的面積了。

來求梯形的面積吧！

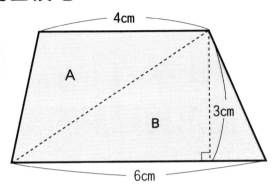

上面是上底
下面是下底

A 的面積 4cm × 3cm ÷ 2 ＝ 6cm^2
B 的面積 6cm × 3cm ÷ 2 ＝ 9cm^2

梯形面積（A+B）
＝4cm × 3cm ÷ 2 + 6cm × 3cm ÷ 2
＝（4cm ＋ 6cm）× 3cm ÷ 2
＝15cm^2

將高 ÷ 2 合在一起……

**梯形面積＝
（上底 ＋ 下底）× 高 ÷ 2**

因為多邊形是由
三角形構成的！

圓形與扇形的面積

我們已經知道三角形與四邊形面積的求法了，那圓形的面積要怎麼算呢？班上同學們開始集思廣益。

「把圓形分成三角形或四邊形，應該就可以算出面積了吧？」

「把兩個扇形合在一起，看起來就會變得很像平行四邊形。」

「把扇形切得小小的呢？」

將 2 個扇形
拼在一起……

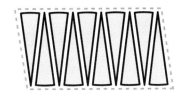

將扇形
切細……

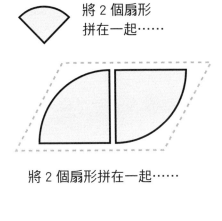

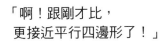

將 2 個扇形拼在一起……

變得更像平行四邊形了！
弧度看起來會比較平

「啊！跟剛才比，
更接近平行四邊形了！」

　　於是大家把圓形切成了好多細細的扇形，並將半徑的
部份連在一起。

　　扇形切割得愈細，弧度看起來就愈平，能愈貼近長方
形直直的邊。將細細的扇形並列在一起，求出類似平行四
邊形的形狀的面積，應該就可以算出圓形的面積了吧？

　　平行四邊形的高度，相當於圓形的半徑長度。那麼，底的長度呢？

　　平行四邊形的底的長度，是圓周的一半。圓周的算法是半徑×2×3.14（圓周率）。因此圓周的一半就是半徑×2×3.14÷2＝半徑×3.14。

　　知道底的長度後，只要再乘以高的長度，就能求出面積。因此圓的面積就是半徑× 半徑 ×3.14。

　　那麼扇形的面積要怎麼求呢？

　　以 144 頁的圖為例，將蛋糕分給 3 個人（A），與分給 6 個人（B）相比，分給 3 個人時，每個人可以吃到的蛋糕比較大塊，因為 A 的扇形面積是圓形面積的 $\frac{1}{3}$，而 B 的扇形面積是圓形面積的 $\frac{1}{6}$。

圓形面積的求法

① 將圓分成
16 等分

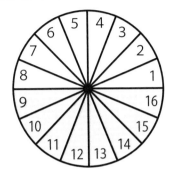

② 將分好的 16 個扇形排成一列，
變成像平行四邊形一樣的形狀。

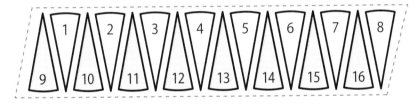

③ 這個平行四邊形的底是圓周的 $\frac{1}{2}$ 長。
高是半徑的長度。因此圓的面積就是
半徑 ×2×3.14÷2× 半徑＝半徑 × 半徑 ×3.14

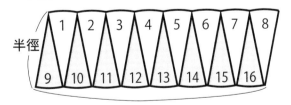

半徑 ×2
就是直徑

圓周的一半（半徑 ×2×3.14÷2）

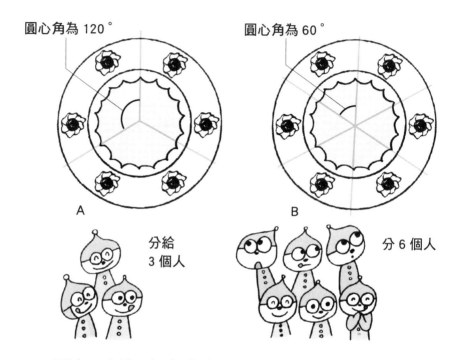

那麼，分給3個人時的扇形，與分給6個人時的扇形，到底有哪裡不同呢？仔細觀察，原來是圓心的角度（圓心角）不同。

圓形的圓心角有360度，分給3人時，A的扇形是360度÷3＝120度，分給6個人時，B的扇形是360度÷6＝60度。

圓心角愈小，扇形的面積也愈小。

這個扇形的
面積是……

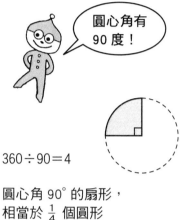

圓心角有
90 度！

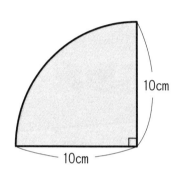

10cm

10cm

$360 \div 90 = 4$

圓心角 90° 的扇形，
相當於 $\frac{1}{4}$ 個圓形

$$\boxed{10 \times 10 \times 3.14} \times \frac{1}{4} = 78.5 \ (\text{cm}^2)$$

圓的面積

　　那麼上面的扇形，是相同半徑的圓的幾分之 1 呢？量一量圓心角的角度，得知是 90 度。將 360 度 ÷ 90 度＝ 4，因此這個扇形的面積，就是 $\frac{1}{4}$ 個圓形。

不規則形狀的面積

　　這個世界上有著各式各樣的形狀，例如：右頁的熊臉圖，你知道它的面積該怎麼算嗎？它看起來圓圓的，所以應該不能切割成三角形來求面積。其實像這樣的不規則圖形，只要利用方格紙就能知道大概的面積了。將熊臉疊到方格紙上後，會發現有些邊長 1 公分的正方形完全沒入了熊臉中，有些只有一部份在熊臉裡面。

A 型
（完全沒入熊臉中）
…9 個

B 型
（只有部份沒入熊臉）
…16 個

把圖案疊到
方格紙上吧！

　　完全沒入熊臉的正方形（A 型）數量一共有 9 個，只有部分沒入的正方形（B 型）共有 16 個。A 型的面積總計為 9cm^2，若將 B 型沒入熊臉中的面積假設為 A 型正方形的一半，合計就是 16 cm^2 ÷ 2 ＝ 8 cm^2。那麼 A 型面積與 B 型面積的總和，就是 9cm^2＋ 8 cm^2＝ 178 cm^2。

「可是 B 型還是有各種形狀呀，B 型面積的 2 倍並不一定都等於 A 的面積吧？」

浩太提出了疑問。那麼讓我們換個方式思考看看。B 型的面積比 0 cm² 大但小於 1 cm²，這代表 B 型面積合計為 0 cm² ～ 16 cm²。因此熊臉的面積為 9 cm² ～ 25 cm²，最中間的值（平均值）為 17 cm²，與一開始求出的答案是一樣的。

就像這樣，即使是不規則的圖形，一樣可以求出大致的面積。試著算算看各種不同圖形的面積吧！

方法1 假設 2 個 B 型與 A 型面積相同

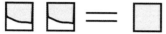

2 個 B 型　　1 個 A 型（1 cm²）

熊的面積為……
9 個 A 型 +16 個 B 型。
16 個 B 型＝8 個 A 型。
9 個 A 型 +8 個 A 型 =17 個 A 型（17 cm²）

方法2 B 型的面積比 0 cm² 大，比 1 cm² 小

・當 B 型為 0 cm² 時，熊的面積為……

9 ＋ 0 ＝ 9 cm²
A型　B型

・當 B 型為 1 cm² 時，熊的面積為……

9 ＋ 16 ＝ 25 cm²
A型　B型

平均下來為（9+25）÷ 2＝17 cm²
方法 1 和方法 2 算出來的結果一樣！

1 和 2 的
數值是一樣的！

求求看這些形狀的面積吧

手掌

貼紙

立體圖型的表面積

　　立方體所有面的面積總和，稱為表面積。要計算表面積，只要將所有面的面積加起來就可以了。立方體及長方體是把所有的四邊形面積加在一起；多角柱體是將底面的多邊形面積與側面的四邊形面積相加；而圓柱體則是將底面的圓，與側面的大長方形面積相加。

　　記得，圓柱體中長方形的其中一條邊長，與底部圓形的周長是一樣的。

表面積的算法，是將所有面的面積合計起來

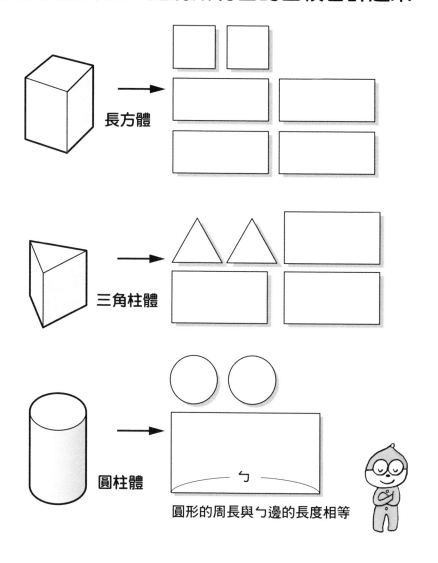

長方體

三角柱體

圓柱體

圓形的周長與ㄅ邊的長度相等

知道怎麼計算表面積,對日常生活也很有幫助。例如,讓我們用同一份包裝紙,將相同大小的 A 與 B 的立體圖型剛剛好包起來。

A 剛好可以被包裝紙完全包起來,但要包 B 的時候,卻發現包裝紙不夠大。

實際比比看表面積,會發現 A 為 600cm^2,B 為 700 cm^2,即使是相同大小的立體圖形,如果表面凹凹凸凸的,表面積也會變大。

在自然界,有的動物還會運用表面積的大小來發揮身體的功能。

例如,生活在北極的北極熊的體長,就比生活在熱帶的馬來熊大了約 2 倍。北極熊的體重雖然是馬來熊的約 8 倍,表面積卻只有約 4 倍。這代表北極熊與馬來熊相比,每單位體重所占的表面積較小。

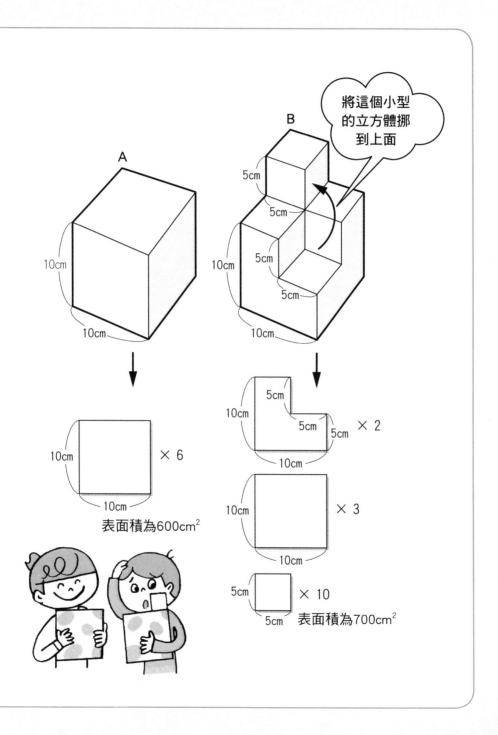

哺乳類的體重愈重，體內就會產生愈多熱能，而表面積愈大，身體就愈能散熱。

住在寒冷北極的北極熊，為了不讓體溫流失，身體就會比較大，並且讓表面積相對於體重小一些。相反的，生活在炎熱國度的馬來熊，為了不讓體溫上升太多，身體就會比較小，表面積相對於體重則會大一些。

不只熊，住在寒冷地區的動物們，身體幾乎都比住在溫暖地區的動物大，這稱為「伯格曼法則」。

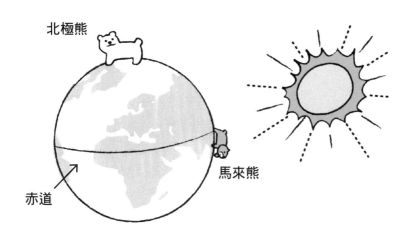

北極熊

赤道

馬來熊

北極熊

相對於體重，
表面積較小，
熱能不容易流失。

馬來熊

相對於體重，
表面積較大，
容易散熱。

立方體與長方體的體積

請看右頁的 A 立方體與 B 立方體，哪一個比較大呢？

A 的邊長比較長，一看就知道 A 比較大。像這種立體的大小，就稱為「體積」。

算長方形與正方形的面積時，我們會用邊長 1 公分的正方形含多少個去思考，而計算體積時，則會用邊長 1 公分的立方體含多少個來思考。若是 B 立方體，3 個邊各能容納 5 個邊長 1 公分的立方體，因此總共能放下 5×5×5 ＝ 125 個。

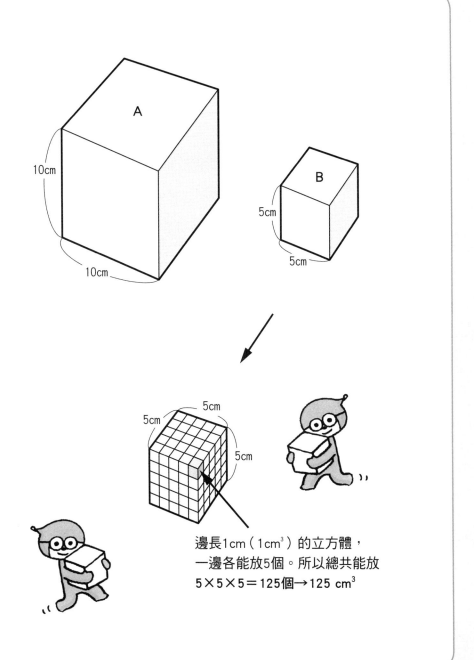

邊長1cm（1cm^3）的立方體，
一邊各能放5個。所以總共能放
5×5×5＝125個→125 cm^3

　　像這樣，立方體與長方體就能透過長 × 寬 × 高來計算體積。體積的單位是 cm^3（立方公分）。前頁 A 的體積為 $10 \times 10 \times 10 = 1000$ 個邊長 1cm 的立方體，以單位來表示就是 1000 cm^3。

　　各位家裡有沒有便條紙呢？你知道這些一張一張薄薄的紙，只要大量疊起來後，就會變成長方體或立方體嗎？換句話說，立體圖形，其實就是由許多平面所重疊累積起來的。

　　長方體的體積為長 × 寬 × 高，可以將這直接看成底面的面積（底面積）× 高。

幾何小提醒

❶ 計算體積時，會用邊長一公分的立方體含多少個來計算。

❷ 立體圖形，其實是由許多平面重疊堆積起來的。

來算便條紙的體積吧!

底面積

體積等於
底面積 × 高
因此便條紙的體積為

$$\boxed{4 \times 6} \times 2 = 48 cm^3$$

底面積　　　高

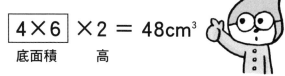

接著讓我們來看 A 立方體與 B 長方體，這 2 個哪一個比較大呢？乍看之下，很難分清楚哪一個比較大，但其實，只要求出 A 立方體與 B 長方體各自的體積，就可以比較大小。長方體同樣可以透過長 × 寬來求出底面積，求好後再乘以高，就能算出體積了。像這樣計算體積，會發現 A 是 5cm ×5cm ×5cm ＝ 125cm³，B 是 5cm× 6cm ×4cm ＝ 120cm³。可見 A 比較大。

當 A 與 B 是水槽時，裡面可以裝的水的體積，就稱為「容積」。知道杯子或水槽裡能裝多少水，對於日常生活也會很有幫助唷。

幾何小提醒

❶ 無論有幾個不同的立方體，只要求出體積就可以比較大小了。

❷ 計算長方體的體積時，先求出底面積，再乘以高就行了。

哪邊的體積比較大？

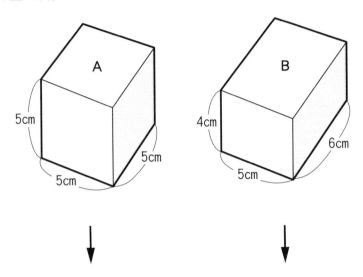

$5\,cm \times 5\,cm \times 5\,cm = 125\,cm^3$ $5\,cm \times 6\,cm \times 4\,cm = 120\,cm^3$

A 比 B 大！

各種立體圖形的體積

多角柱體、圓柱體、錐體的體積該怎麼求呢？首先讓我們來思考看看多角柱體該怎麼算。

立方體及長方體的體積，可以透過「底面積 × 高」來計算。多角柱體及圓柱體，也可以想成是多邊形及圓形的便條紙疊高所形成的。因此這兩種圖形只要求出底面的多邊形與圓形的面積，再乘以高就能算出來。

哪邊的體積比較大？

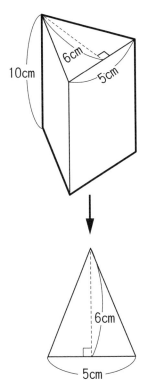
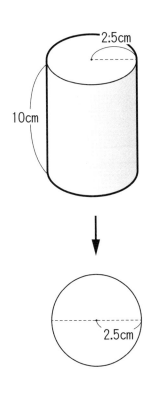

底面積為
5cm $\times$ 6cm $\div$ 2＝15cm^2

體積為
15cm^2（底面積）$\times$10cm（高）
＝150cm^2

底面積為
2.5cm $\times$ 2.5cm $\times$3.14＝19.625cm^2

體積為
19.625cm^2（底面積）$\times$10cm（高）
＝196.25cm^2

接著來看錐體。錐體與圓柱體及多角柱體不同，頂端尖尖的，所以不能直接用底面積 × 高來計算。

我們先準備 1 個底面與高都相同的圓柱體容器，接著在圓錐體中裝水，然後倒進圓柱體中，看看能倒入多少杯水。實驗過後，發現剛好倒入 3 杯水，圓柱體就滿了。

同樣的，我們也可以用三角柱體與三角錐的容器來計算體積，在三角錐體中裝水，剛好 3 杯可以將三角柱體裝滿。

「……所以錐體的體積，剛好是多角柱體的 3 分之 1！」答對了！因此錐體的體積公式就是「底面積 × 高 × $\frac{1}{3}$」。

圓柱體容器是圓錐體容器的多少倍？

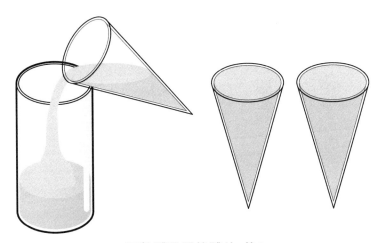

圓柱體是圓錐體的3倍！

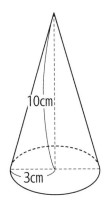

左邊圓錐體的體積為……

$3cm \times 3cm \times 3.14 \times 10cm \times \frac{1}{3}$

$= 94.2cm^3$

邊長比、面積比與體積比

這裡有 2 個相似的長方形 A 與 B，請問ㄅ是ㄇ的幾倍呢？量量看，原來ㄅ是 6 公分，ㄇ是 3 公分。同樣來量量看ㄆ與ㄈ……ㄆ是 4 公分，ㄈ是 2 公分。

A 與 B 相比，每個邊的數字都剛好是 2 倍，換句話説，A 長方形的邊正好是 B 長方形的 2 倍。將這個邊長用「比」來標示，就會變成 A 長方形邊長：B 長方形邊長＝ 2：1。而這個邊長的比，就叫做「邊長比」。

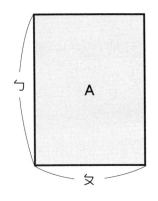
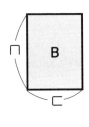

ㄅ的長度÷ㄇ的長度＝ 2（ㄅ是ㄇ的2倍長）

ㄆ的長度÷ㄈ的長度＝ 2（ㄆ是ㄈ的2倍長）

邊長比 A：B＝2：1

那比比看面積呢？

「既然邊是 2 倍，那麼面積應該也是 2 倍！」龍一說道。

來，讓我們實際計算看看吧。

A 是 4cm×6cm ＝ 24cm²，B 是 2cm×3cm ＝ 6cm²。那 A 的面積是 B 的幾倍呢？

「咦？是 4 倍！」

沒錯。當邊長是 2 倍時，面積就是 4 倍。

其實想想看就知道了，長方形的面積是 2 條邊相乘，若面積是 2 倍，就會有 2 個長方形，只要在上面或旁邊再多 1 個就 OK 了。

但這樣形狀會變長呀？相似圖形的 2 條邊都必須是 2 倍，因此面積會相當於 4 個長方形的總和。

像這樣邊長比為 1：2 時，面積的比例（面積比）就會是 1×1：2×2 ＝ 1：4。邊長比為 1：3 時，面積比就是 1×1：3×3 ＝ 1：9。這不僅限於四邊形，在三角形上也是一樣的。

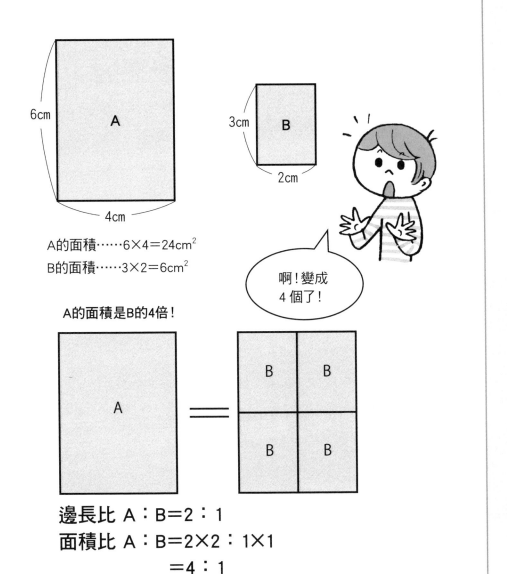

A的面積……6×4＝24cm²

B的面積……3×2＝6cm²

A的面積是B的4倍！

邊長比 A：B＝2：1

面積比 A：B＝2×2：1×1

＝4：1

啊！變成
4 個了！

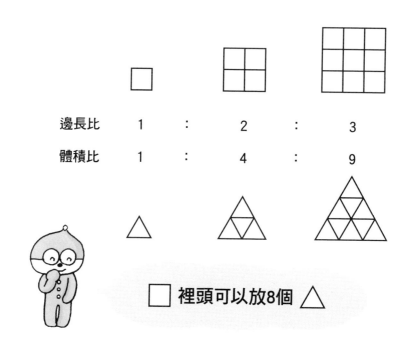

邊長比	1	:	2	:	3
體積比	1	:	4	:	9

□ 裡頭可以放8個 △

　　讓我們來順便看看體積比吧。體積的算法是長 × 寬 × 高，將 3 條邊相乘起來，因此當邊長比為 1：2 時，體積的比（體積比）就會是 1×1×1：2×2×2 ＝ 1：8。光是邊長變成 2 倍，體積就會差了 8 倍，是不是很多呢。

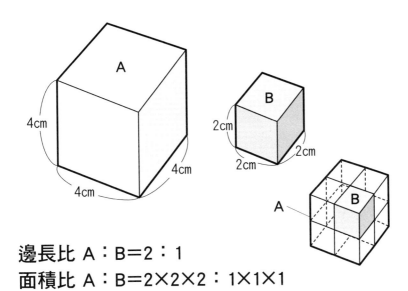

邊長比 A：B＝2：1

面積比 A：B＝2×2×2：1×1×1

＝8：1

A裡頭可以放8個B

動手做做看！
物體放入水裡的體積與水位

　　進到浴缸裡時，水是不是曾經滿出來呢？這是因為浴缸裡原本水的體積，加上身體的體積後，超過了浴缸的容積。

　　發現這個原理的，是西元前 300 年左右，一名叫做阿基米德的數學家。那時國王交給了阿基米德一頂金皇冠，要求他「在不破壞這頂金冠的情況下，檢驗看看當中有沒有摻雜銀。」金比銀重，因此即使體積相同，純金打造的金皇冠，一定會比混了銀的皇冠來得重。所以只要先量好金皇冠的重量，再測量體積，就能知道有裡頭有沒有摻雜銀了。

用水測量體積的方法

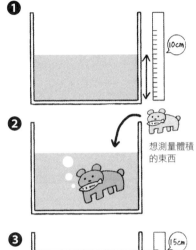

在水槽中放水,測量水的深度。

想測量體積的東西

將想測量體積的物品放入水槽中,但要記得只放會沉入水底,以及弄濕後不會壞的東西,例如蛋或毛巾。接著讓物品完全沉入水裡。

放入物品後,測量水的深度。計算增加的水深 × 水槽的底面積,就能知道物品的體積了。
假設水槽的底面積為 $60cm^2$……
那麼這個小熊飾品的體積就是
$60cm^2 \times 5cm = 300 \ cm^3$。

　　雖然已經知道測量皇冠重量的方法了,可是體積該怎麼求呢?這讓阿基米德相當苦惱。一天,他進入浴缸裡泡水時,看見水滿出來,突然想到只要將皇冠放入水中,即使它的形狀不規則,也能測量出體積。

　　將物體放入水槽中,就能得知物體的體積。大家也可以用同樣的方法,來測量看看身邊的東西有多大。即使形狀很複雜,也可以輕鬆測量出體積大小唷!

後 記

　　大家看完這本書後，相信跟之前比起來，看形狀的觀點一定很不一樣。透過這些不同的觀點，再次觀察身邊的物品，說不定會有以往不曾注意到的新發現唷！

　　其實除了身邊的物品以外，這個世界上還有各式各樣的東西，有些甚至很難看出它的形狀。例如在「正六邊形的祕密」裡提過的雪花、鑽石、飛機的蜂巢結構，就很難看清楚。但我們一樣可以記住它們是由正六邊形組成的，並且瞭解用正六邊形組合起來的東西會很堅固。

　　除此之外還有沒有正六邊形的物品呢？鉛筆也是正六邊形，其它還有足球白色的部份、足球球門的網子、螺絲……，這些物品之所以做成正六邊形，一定有它的意義存在。

　　還有許許多多的圖形，是這本書中沒有提及的。希望大家都能去學習那些圖形的意義，瞭解它們有趣、美麗的地方，去拓展圖形的世界。若這本書能幫助大家，透過自己的力量去開創圖形的世界，那將是我無上的榮幸。

築波大學附屬小學教師

中田壽幸

童心園 童心園系列012

用故事的方式學幾何
読書で身につく! 図形のお話 (なぜだろうなぜかしら)

作　　　者	中田壽幸
譯　　　者	蘇暐婷
審　　　定	何美貞・余蕙如 雙溪國小老師
總　編　輯	何玉美
副總編輯	李嫈婷
主　　　編	陳鳳如
封面設計	nicaslife
內文排版	許貴華

出版發行	采實出版集團
行銷企劃	黃文慧・鍾惠鈞・陳詩婷
業務經理	林詩富
業務副理	何學文
業務發行	張世明・吳淑華・林坤蓉
會計行政	王雅蕙・李韶婉
法律顧問	第一國際法律事務所　余淑杏律師
電子信箱	acme@acmebook.com.tw
采實粉絲團	http://www.facebook.com/acmebook

I S B N	978-986-94081-1-0
定　　　價	300元
初版一刷	2017年4月
劃撥帳號	50148859
劃撥戶名	采實文化事業股份有限公司
	104台北市中山區建國北路二段92號9樓
	電話：(02)2518-5198
	傳真：(02)2518-2098

國家圖書館出版品預行編目資料

用故事的方式學幾何 / 中田壽幸監修；蘇暐婷譯 . -- 初
版 . -- 臺北市 : 采實文化 , 民 106.04
　面；　公分
ISBN 978-986-94081-1-0(平裝)

1. 數學教育 2. 中小學教育

523.32　　　　　　　　　　　　　105022887

"DOKUSHO DE MI NI TSUKU! ZUKEI NO OHANASHI"
supervised by Toshiyuki Nakata
Copyright © Toshiyuki Nakata 2013
All rights reserved.
Original Japanese edition published by Jitsugyo no Nihon Sha, Ltd.
This Traditional Chinese language edition published by ar-
rangement with Jitsugyo no Nihon Sha, Ltd., Tokyo in care of
Tuttle-Mori Agency, Inc., Tokyo through Future View Technology
Ltd., Taipei.